# आर्किमीदीज

किशोर ज्ञान-विज्ञान माला

# आर्किमीदीज

गुणाकर मुळे

राजकमल प्रकाशन
नयी दिल्ली पटना

**मूल्य** : रु. 75.00



**राजकमल, प्रथम संस्करण** : 2004
**पहली आवृत्ति** : 2009

**प्रकाशक** : राजकमल प्रकाशन प्रा. लि.
1-बी, नेताजी सुभाष मार्ग
नई दिल्ली-110 002

**शाखाएँ** : अशोक राजपथ, साइंस कॉलेज के सामने, पटना-800 006
पहली मंजिल, दरबारी बिल्डिंग, महात्मा गांधी मार्ग, इलाहाबाद-211 001

वेबसाइट : www.rajkamalprakashan.com
ई-मेल : info@rajkamalprakashan.com

**सज्जा** : राजकमल स्टूडियो

**मुद्रक** : बी.के. ऑफसेट
नवीन शाहदरा, दिल्ली-110 032

ARCHIMEDES
by Gunakar Muley

ISBN : 978-81-267-0878-9

# अपनी बात

यदि संसार के 10 महान वैज्ञानिकों की भी सूची बनानी पड़े, तो उसमें आर्किमीदीज का नाम अवश्य रखना होगा। आर्किमीदीज एक महान गणितज्ञ ही नहीं, उच्च कोटि के भौतिकवेत्ता और यंत्रविद् भी थे। रोमन सेना के हमले से अपने सिराक्यूज नगर (सिसिली द्वीप, भूमध्यसागर) की रक्षा के लिए उन्होंने कई युद्ध-यंत्रों का आविष्कार किया था।

मगर आर्किमीदीज अपने यांत्रिक आविष्कारों को उतना महत्व नहीं देते थे जितना कि अपने गणितीय आविष्कारों को। इसीलिए उन्होंने पहले से ही अपने मित्रों को बता दिया था कि उनके समाधि-स्मारक पर एक बेलन (सिलिंडर) में गोल को स्थापित दर्शाने वाली ज्यामितीय आकृति अंकित कर दी जाए और साथ ही इन दोनों पिंडों के आयतनों के अनुपात को भी वहां दर्ज कर दिया जाए। आधुनिक काल में सिराक्यूज की पुरानी कब्रगाह से ऐसा एक समाधि-स्मारक प्राप्त हुआ है।

आर्किमीदीज 'द्रव-स्थिति-विज्ञान' के संस्थापक माने जाते हैं। सुनार द्वारा सोने के मुकुट में मिलाई गई चांदी का अध्ययन करके उन्होंने द्रव-स्थिति-विज्ञान के बुनियादी नियम खोज निकाले थे। उन्होंने उत्तोलक और घिरनियों के बारे में भी कई नियम खोज निकाले। पानी

को नीचे से ऊपर उठाने के लिए आर्किमीदीज ने जिस यंत्र का आविष्कार किया था वह 'आर्किमीदीज का स्क्रू' कहलाता है और आज भी मिस्र में उसका प्रयोग होता है। आर्किमीदीज के नाम से प्रसिद्ध वक्र ('आर्किमीदीज का सर्पिल') का उपयोग आजकल रेडारों के निर्माण में होता है।

आर्किमीदीज ने एक विशेष तरीके से $\pi$ (वृत्त की परिधि और व्यास का अनुपात) का एक काफी शुद्ध मान प्राप्त किया था। उन्होंने न्यूटन से सदियों पहले कलन-गणित की भी नींव रख दी थी। आर्किमीदीज 'बहुत बड़ी संख्या' और 'अनंत' के अंतर को भलीभांति समझ गए थे।

ऐसे महान वैज्ञानिक का वध एक रोमन सैनिक के हाथों हुआ!

आर्किमीदीज अपनी तरुणाई में उच्च अध्ययन के लिए मिस्र के सिकंदरिया विश्वविद्यालय गए थे। इसलिए मैंने प्राचीन यूनानी विज्ञान के इस महान विद्याकेंद्र के बारे में कुछ विस्तार से जानकारी दी है। पुस्तक के आरंभ में प्राचीन यूनानी विज्ञान के भूक्षेत्र का एक नक्शा भी दिया गया है।

यह पुस्तक मैंने चालीस साल पहले लिखी थी और तीन बार छपने के बाद पिछले कई सालों से अप्राप्य थी। अब मैंने इसे दोबारा लिखा, इसमें नई साम्रग्री और अनेक नए चित्रों का समावेश किया। पुस्तक के अंत में प्रमुख यूनानी वैज्ञानिकों का संक्षिप्त परिचय जोड़ा गया है, जिसे पाठक बहुत उपयोगी पाएंगे। पुस्तक की सुंदर कंप्यूटर-सज्जा का श्रेय राजकमल के श्री नरेश कुमार को है।

आशा है, विज्ञान के विद्यार्थी, और अध्यापक भी, "आर्किमीदीज" के इस नए संशोधित संस्करण को प्रेरणाप्रद और उपयोगी पाएंगे।

**—गुणाकर मुळे**

'अमरावती'
सी-210, पांडव नगर, दिल्ली - 110092
20 जनवरी, 2004

प्राचीन यूनानी विज्ञान का भूक्षेत्र

**मिल गया...**

**मि-ल ग-या...!**

बात बहुत पुरानी है। लगभग 2250 वर्ष पुरानी।

यूरोप के इटली देश के दक्षिण में भूमध्यसागर में सिसिली नाम का एक द्वीप है। इसी सिसिली द्वीप के सिराक्यूज नगर की बात है।

एक दिन सिराक्यूज के निवासियों ने सड़क पर

**"यूरेका...यूरेका..."**
**"मिल गया...! मिल गया...!"**

बड़ा विचित्र दृश्य देखा। एक नंग-धड़ंग आदमी दौड़ा चला जा रहा है, और जोर-जोर से चिल्ला रहा है :

"यूरेका...यूरेका..."; अर्थात्, "मिल गया...! मिल गया...!"

सिराक्यूज की सड़क पर नंग-धड़ंग दौड़नेवाला यह व्यक्ति कौन है ?

अरे, यह तो आर्किमीदीज है। मशहूर वैज्ञानिक आर्किमीदीज ! आर्किमीदीज के बारे में सभी को यह बात मालूम है कि वह किसी गहरे चिंतन में डूबा रहता है, तो अपने शरीर की सुध-बुध भी खो देता है। पर आज तो उसने कमाल ही कर दिया। यह भी कोई आदमी है कि नंगा ही सड़क पर दौड़ पड़ा। जरूर कोई गंभीर बात होनी चाहिए।

आखिर क्या बात है ?

# 1

सिराक्यूज नगर की सड़क पर नंगे दौड़नेवाले व्यक्ति की बात तुमने पढ़ी। वह क्यों दौड़ रहा था ? क्या बात थी ?

बात यूं थी : उस समय सिराक्यूज नगर पर हाइरोन नाम का राजा राज्य करता था। हाइरोन और आर्किमीदीज में गहरी मित्रता थी।

हाइरोन किसी मंदिर के देवता के लिए सोने का एक मुकुट बनवाना चाहता था। उसने सुनार को बुलवाया और उसे सोने की एक निश्चित मात्रा तौल दी।

कुछ दिनों बाद सुनार मुकुट बनाकर ले आया। मुकुट की नक्काशी और आकार-प्रकार ठीक वैसे ही थे, जैसे राजा चाहता था। मुकुट की तौल भी उतनी ही थी, जितना राजा ने सुनार को सोना दिया था।

लेकिन बाद में किसी ने राजा को बतलाया कि सुनार ने मुकुट के भीतर चांदी मिलाई है; जितना सोना निकाला गया है, उतनी चांदी मिला दी गई है।

राजा को बड़ा क्रोध आया। लेकिन अपराधी का

अपराध सिद्ध हुए बिना उसे दंड कैसे दिया जा सकता था? सुनार की दगाबाजी का पता चले तो कैसे ?

राजा ने बहुत सोचा, बहुत सोचा ! उसे जब कोई उपाय न सूझ पड़ा तो उसने यह मामला अपने वैज्ञानिक-मित्र आर्किमीदीज के सुपुर्द कर दिया।

आर्किमीदीज कई दिनों तक उस मुकुट के बारे में सोचता रहा। मुकुट को तोड़कर भी सोने में चांदी की मिलावट का पता लगाया जा सकता था। पर आर्किमीदीज जानता था कि इससे प्रश्न पूरी तरह हल नहीं होगा। मिलावट का पता लगाने के लिए हर बार आभूषण को तोड़ना कैसे संभव हो सकता है?

मुकुट को बिना तोड़े ही किसी ऐसे तरीके को खोज निकालना होगा, जिससे आभूषण में मिलावट का पता लग जाए।

आर्किमीदीज इसी चिंता में डूबा रहता था...

एक दिन की बात है।

आर्किमीदीज सिराक्यूज नगर के सार्वजनिक स्नानागार में नहाने गया। स्नानागार का हौज पानी से लबालब भरा हुआ था। आर्किमीदीज जैसे ही पानी में उतरा कि...

क्या हुआ ?

हौज का पानी किनारे पर से उछलकर बाहर निकल आया। सोने के मुकुट का मामला आर्किमीदीज के दिमाग में था ही। जिस सवाल के बारे में वह पिछले कई दिनों से सोच रहा था, उसका हल उसे आज अचानक मिल गया। उसे बेहद खुशी हुई।

"यूरेका !" (मिल गया)

चित्र में टब के पास सोने व चांदी के पात्र और मुकुट दिखाए गए हैं। आर्किमीदीज ने अपने प्रयोग के लिए इनका इस्तेमाल किया था।

खुशी में वह यह भी भूल गया कि उसके शरीर पर कपड़े नहीं हैं। नंगे बदन ही वह सिराक्यूज की सड़क पर दौड़ पड़ा। वह चिल्लाता जा रहा था :

यूरेका...! यूरेका...! मिल गया !...मिल गया !...

लेकिन, तुम जानना चाहोगे कि आर्किमीदीज आखिर था कौन ? वह कहां पैदा हुआ था ? उसका जीवन कैसा था ?

आओ, हम और तुम मिलकर पहले इन्हीं बातों का पता लगाएं।

## 2

तो प्रश्न यह है कि आर्किमीदीज कौन था ? वह कहां पैदा हुआ था ? उसका जीवन कैसा था ?

इन प्रश्नों का उत्तर देना आसान नहीं है।

तुम पूछोगे : क्यों ?

बात यह है कि आर्किमीदीज के बहुत-से ग्रंथ यद्यपि आज उपलब्ध हैं, तो भी उसके जीवन के बारे में उनमें बहुत कम जानकारी मिलती है। अब तुम जानते ही हो कि बात लगभग 2250 वर्ष पुरानी है, यानी ईसा के जन्म से करीब ढाई सौ वर्ष पहले की। उस समय भारत में सम्राट अशोक का शासन था। उस समय किसी ने शायद आर्किमीदीज के जीवन को इतना महत्वपूर्ण नहीं समझा कि उसकी जीवनी लिखकर हमारे-तुम्हारे लिए छोड़ जाए! रही आर्किमीदीज की बात, सो जो व्यक्ति सड़क पर नंगा दौड़ता हुआ "यूरेका, यूरेका..." चिल्ला रहा हो, उसे भला इतनी फुरसत कहां कि बैठकर अपने जीवन के बारे में कुछ लिखे ! प्राचीन भारत के चरक, सुश्रुत, आर्यभट (499 ई.), ब्रह्मगुप्त (628 ई.) आदि वैज्ञानिकों ने भी अपने

जीवन के बारे में बहुत कम जानकारी लिख छोड़ी है।

आर्किमीदीज जैसा व्यक्ति अपने जीवन के बारे में 'कुछ लिखने' के बजाय जीवन में 'कुछ कर दिखाना' ज्यादा महत्वपूर्ण समझता था।

आर्किमीदीज

इसलिए सुदूर अतीत के गर्भ से कुछ सूत्रों को पकड़कर ही हमें आर्किमीदीज के जीवन की खोज करनी होगी । है न काम दिलचस्प ? तो फिर आओ, अब इसी काम में जुट जाएं...

उन दिनों के इतिहासकारों के ग्रंथों को पलटने पर पता चलता है कि आर्किमीदीज के पिता का नाम फाइदियाज था। वह एक अच्छे खगोलविद यानी आकाश के ग्रह-नक्षत्रों के जानकार थे। वह सिसिली के सिराक्यूज नगर में रहते थे।

कहा जाता है कि सिराक्यूज के राजा हाइरोन से उनका नजदीकी नाता था। जो भी हो, राजपरिवार और आर्किमीदीज के परिवार के मित्रता के संबंध अवश्य थे।

एक इतिहास-ग्रंथ से पता चलता है कि सिराक्यूज नगर के पतन के समय आर्किमीदीज की आयु 75 वर्ष की थी। ईसा पूर्व 212 में रोम की सेना ने सिराक्यूज को जीता था। कहते हैं, उसी वर्ष आर्किमीदीज की मृत्यु हुई। इस हिसाब से आर्किमीदीज का जन्म कब माना जाए ?

287 ईसा पूर्व में !

तुम जानते ही हो कि ईसवी सन् की गणना 1, 2,..., 100,..., 1960,..., 1999,...2003 के चढ़ते क्रम से होती है, और ईसवी सन् से पहले के वर्षों की, यानी ईसा पूर्व की, गणना उलटे क्रम से होती है; जैसे : -1,..., -200,..., -212,..., -287 ! इतिहास में ईसा पूर्व की काल-गणनाओं में सुविधा के लिए ऋण का चिह्न हटा दिया जाता है।

इस हिसाब से आर्किमीदीज का जन्म 287 ईसा पूर्व में हुआ और मृत्यु 212 ईसा पूर्व में।

# 3

आर्किमीदीज ने अपनी तरुणावस्था के दिन मिस्र देश के प्रसिद्ध नगर अलेक्जेंड्रिया (सिकंदरिया) में बिताए। अलेक्जेंड्रिया के बारे में तो तुमने अवश्य ही अपनी इतिहास की पुस्तक में कुछ-न-कुछ पढ़ा होगा।

नहीं ?...

अच्छा सुनो –

मिस्र के अलेक्जेंड्रिया नगर की स्थापना प्रसिद्ध यूनानी विजेता अलेक्जेंडर (सिकंदर) ने की थी; वही अलेक्जेंडर जो भारत तक बढ़ आया था और जिससे राजा पुरु (पोरस) ने डटकर युद्ध किया था। अलेक्जेंडर का बसाया यह नगर मिस्र में नील नदी के मुहाने पर स्थित है। नगर की पूर्ण स्थापना होने से पहले ही 323 ई.पू. में बेबीलोन (वर्तमान इराक) में अलेक्जेंडर की मृत्यु हो गई थी।

अलेक्जेंडर की मृत्यु के बाद उसके साम्राज्य के टुकड़े-टुकड़े हो गए और मिस्र का भाग टॉलमी (प्रथम) नामक उसके सेनापति के हिस्से में चला गया। टॉलमी ने, जो कि अलेक्जेंडर से भी अधिक महत्वाकांक्षी था,

इस नगर को अपनी राजधानी के लिए चुना। टॉलमी अलेक्जेंड्रिया नगर को न केवल शासन और व्यापार का केंद्र बनाना चाहता था, वरन् वह इसे कला, संस्कृति और विज्ञान की नगरी भी बना देना चाहता था। इसीलिए अपने महल के निकट उसने एक 'म्यूजियम' यानी संग्रहालय की स्थापना की।

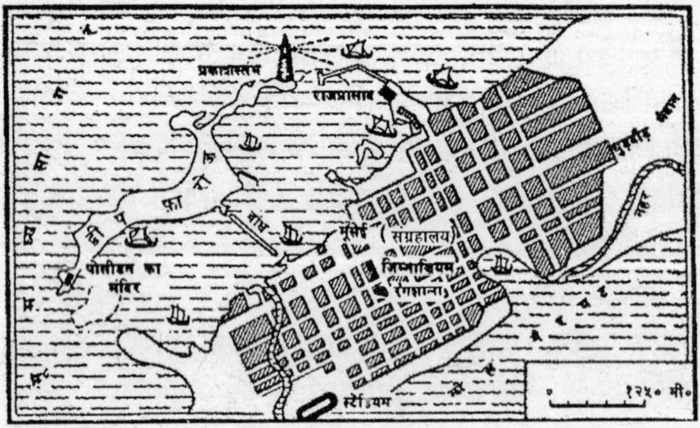


मिस्र के प्राचीन सिकंदरिया (अलेक्जेंड्रिया) नगर का नक्शा

अलेक्जेंड्रिया का यह संग्रहालय एक प्रकार का विश्वविद्यालय था। इसकी तुलना हम प्राचीन भारत के विक्रमशिला और नालंदा जैसे विश्वविद्यालयों से कर सकते हैं। यूनान (ग्रीस) के अथेंस नगर की अवनति के बाद यही अलेक्जेंड्रिया नगरी भूमध्यसागर के प्रदेशों की सांस्कृतिक राजधानी थी। आगे लगभग एक हजार वर्षों तक इसका वैभव कायम रहा।

ईसा पूर्व 300 के लगभग विश्वविद्यालय बनकर तैयार हो गया था। टॉलमी ने उस समय के विख्यात विद्वानों को इस

विश्वविद्यालय में आमंत्रित किया। अथेंस से भी बहुत-से विद्वान आए। ई.पू. 283 में टॉलमी-प्रथम की मृत्यु हुई, तो उसके पुत्र टॉलमी-द्वितीय (फिलाडेल्फुस) ने इस विश्वविद्यालय का कार्यभार संभाला।

जिस समय मिस्र पर टॉलमी-द्वितीय का शासन था, उस समय भारत में सम्राट अशोक का राज्य चल रहा था। अशोक ने अपने एक शिलालेख में 'तुरमय' के नाम से टॉलमी-द्वितीय का उल्लेख किया है।

टॉलमी-द्वितीय ने अलेक्जेंड्रिया के विश्वविद्यालय में एक विशाल पुस्तकालय की स्थापना की, जिसकी गणना प्राचीन जगत के सात आश्चर्यों में होती थी। यह पुस्तकालय चार भागों में विभाजित था : साहित्य, गणित, खगोलशास्त्र और चिकित्साशास्त्र। कहा जाता है कि इसके आरंभिक चालीस वर्षों में यहां पर लगभग 4,00,000 पुस्तकों का संग्रह किया गया था। यूनानी ज्ञान-विज्ञान के ये ग्रंथ पेपीरस-कागज और चर्मपट पर लिखे गए थे। बाद में यह समूचा ग्रंथालय नष्ट हो गया!

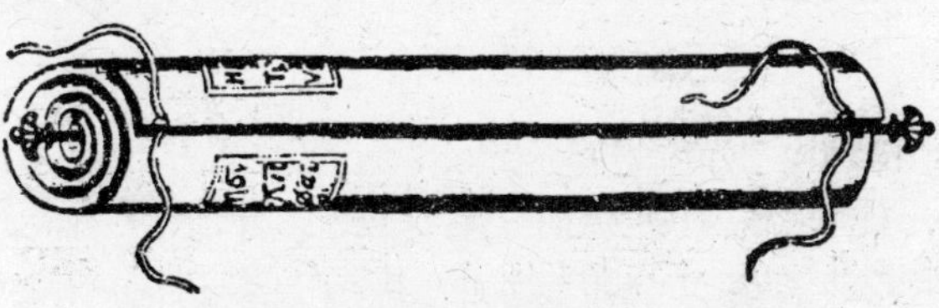

प्राचीन यूनान की एक कुंडली-नुमा पुस्तक

ईसा पूर्व चौथी शताब्दी से लेकर ईसा की सातवीं शताब्दी तक शासन के क्षेत्र में अनेकानेक परिवर्तन हुए। परंतु

यूनानी अध्यापक और विद्यार्थी

अलेक्जेंड्रिया नगर सांस्कृतिक राजधानी के रूप में टिका रहा। इन एक हजार वर्षों में हुए अधिकांश यूनानी विद्वान या वैज्ञानिक इसी अलेक्जेंड्रिया विश्वविद्यालय के विद्यार्थी या शिक्षक रहे थे। गणित और खगोलशास्त्र का यहां विशेष रूप से विकास हुआ।

अलेक्जेंड्रिया के प्रसिद्ध गणितज्ञों में यूक्लिड, आर्किमीदीज, एपोलोनियस जैसों का नाम लिया जाता है। खगोलविदों में अरिस्टार्कस, इराटोस्थनीज, हिप्पार्कस और क्लाउडियूस टॉलमी जैसों का उल्लेख होता है।

यूक्लिड के नाम से तुम अवश्य परिचित होगे। यूक्लिड की ज्यामिति तो प्रसिद्ध ही है। तुम भी ज्यामिति पढ़ते होगे। लगभग 330 ई.पू. में यूक्लिड का जन्म हुआ था।

आर्किमीदीज ने बड़े होने पर अलेक्जेंड्रिया के इसी विश्वविद्यालय में अध्ययन आरंभ किया। कहा जाता है कि आर्किमीदीज जब अलेक्जेंड्रिया में अध्ययन के लिए आए, तो उस समय यूक्लिड जीवित थे।

जो भी हो, आर्किमीदीज पर यूक्लिड का गहरा प्रभाव अवश्य पड़ा। अलेक्जेंड्रिया में रहकर अध्ययन करते हुए

आर्किमीदीज ने यूक्लिड तथा अन्य विद्वानों के ज्ञान का पूरा संचय किया और यह संचय इस सीमा तक पहुंचा कि यूक्लिड को यदि हम अलेक्जेंड्रिया का प्रथम महान गणितज्ञ मानें, तो आर्किमीदीज को दूसरा मानना होगा। जहां तक ख्याति का प्रश्न है, आर्किमीदीज को आज यूक्लिड से भी ऊंचा स्थान प्राप्त है।

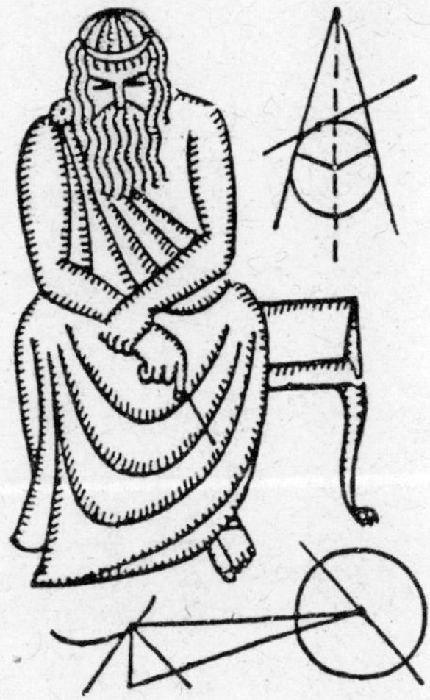

यूक्लिड (लगभग 300 ई.पू.)

ऊपर के विवरण से अलेक्जेंड्रिया का महत्व तुम्हारी समझ में आ गया होगा। इस दृष्टि से आर्किमीदीज का अलेक्जेंड्रिया आकर अध्ययन करने का महत्व समझना भी तुम्हारे लिए कठिन नहीं होना चाहिए। तरुणावस्था में अलेक्जेंड्रिया में विद्याध्ययन करके आर्किमीदीज फिर अपनी जन्मभूमि सिराक्यूज लौट आए।

# 4

कुछ आदमी ऐसे भी होते हैं कि जब वे किसी गहरे विचार में डूबे रहते हैं, तो अपने तन-बदन की सुध-बुध भूल जाते हैं। वैसे तो प्रायः सभी गंभीर विचारकों के बारे में यह बात कही जा सकती है, परंतु गणितज्ञों पर यह बात विशेष रूप से लागू होती है।

यदि हम कहें कि गणितज्ञ सांसारिक रूप से आधे पागल होते हैं, तो भी शायद अतिशयोक्ति न होगी।

वैज्ञानिकों के भुलक्कड़ स्वभाव के बारे में कई किस्से प्रसिद्ध हैं। भोजन को भूल जाना तो उनके लिए साधारण-सी बात है। महान वैज्ञानिक कभी-कभी सरल-सी बातों को भी समझ नहीं पाते, यह जानकर तुम्हें बड़ा आश्चर्य होगा। प्रकृति के गूढ़ रहस्यों का पता लगाकर आइजेक न्यूटन (1642-1727 ई.) ने अपनी बौद्धिक सामर्थ्य से सभी को चकित कर दिया था। लेकिन क्या तुम जानते हो कि महान न्यूटन भी एक बार एक छोटी-सी बात समझ नहीं पाए थे ?

लो, वह क़िस्सा तुम्हें सुना ही दूं।

न्यूटन ने दो बिल्लियां पाल रखी थीं। एक बिल्ली

बड़ी थी, दूसरी छोटी। रात में दरवाजा बंद रखने पर भीतर आने के लिए बिल्लियों को कोई रास्ता नहीं मिलता था। न्यूटन ने एक बढ़ई को बुलाकर आदेश दिया कि दरवाजे में वह दो छेद बना दे...

आइजेक न्यूटन (1642-1727 ई.)

"दो छेद क्यों ?" बढ़ई ने पूछा।

"एक बड़ी बिल्ली के लिए," न्यूटन ने कहा, "दूसरा छोटी बिल्ली के लिए।"

बढ़ई को न्यूटन की बात सुनकर हंसी आ गई। उसे बड़ा आश्चर्य हुआ। न्यूटन की समझ में यह छोटी-सी बात नहीं आ रही थी कि एक ही छेद से दोनों बिल्लियां भीतर पहुंच सकती हैं।

दूसरे अनेक वैज्ञानिकों के बारे में भी इसी तरह के किस्से प्रसिद्ध हैं। आर्किमीदीज के बारे में तो ऐसे अनेक किस्से बताए जाते हैं।

ईसा की पहली-दूसरी सदी में प्लुटार्क नाम के एक यूनानी इतिहासकार हुए। उन्होंने अपने पहले के प्रसिद्ध रोमन और यूनानी व्यक्तियों की 'जीवनियां' लिखी हैं। प्लुटार्क की उस पुस्तक में रोमन सेनापति मार्सेलुस की जीवनी के साथ आर्किमीदीज के बारे में भी कुछ जानकारी मिल जाती है।

प्लुटार्क ने लिखा है कि आर्किमीदीज अक्सर भोजन करना

भूल जाते थे। उन्हें स्नान करने की भी सुधि नहीं रहती थी।

उन्हें जबरदस्ती स्नान के लिए ले जाया जाता था। उनके बदन पर जब तेल की मालिश की जाती थी, तो अपने चिकने बदन पर ही वे ज्यामिति की आकृतियां बनाने लगते थे और सवालों के हल खोजने में डूब जाते थे!

चिंतन में डूबे आर्किमीदीज

कभी वे आग के पास बैठते, तो राख को फैलाकर उस पर ही ज्यामिति के प्रश्न हल करने लगते !

समुद्र के किनारे घंटों बैठकर बालू पर ज्यामितीय आकृतियां बनाना तो उनका प्रिय मनोरंजन था। इसी प्रकार चौरस्तों की

धूलि पर आकृतियां बनाना भी उनकी आदत थी।

अपने इस भुलक्कड़ स्वभाव के कारण ही वे सिराक्यूज की सड़क पर नंगे बदन दौड़ चले थे – "यूरेका...यूरेका..." चिल्लाते हुए। उन्होंने सवाल का हल खोज लिया था।

याद है न ? वही मुकुटवाला सवाल...

तो वह किस्सा पूरा ही कर दूं।

आर्किमीदीज ने सवाल का हल तो खोज लिया था। लेकिन राजा हाइरोन और सिराक्यूज के निवासियों को आर्किमीदीज की यह खोज पहेली-सी जान पड़ी। इस पहेली को समझाना जरूरी था।

आर्किमीदीज ने मुकुट को वैसे ही रहने दिया। उन्होंने मुकुट की तौल के बराबर सोने का एक गोला लिया और उतनी ही तौल का चांदी का एक अन्य गोला। फिर एक बड़ा बरतन लेकर उन्होंने उसे किनारे तक पानी से लबालब भर दिया। इतना कर चुकने के बाद हाइरोन के सामने उन्होंने अपने प्रयोग का प्रदर्शन शुरू किया।

आर्किमीदीज ने पहले चांदी के गोले को पानी से भरे बरतन में डाला। पानी बरतन में से बाहर उछला। कितना पानी ?

ठीक उतना, जितना गोले ने स्थान घेरा। आर्किमीदीज ने बाहर आए पानी को माप लिया।

उन्होंने बरतन को पानी से फिर लबालब भर दिया। इस बार इसमें उन्होंने सोने का गोला डाला। इस बार बाहर आए हुए पानी को भी उन्होंने माप लिया।

...इस बार देखा गया कि सोने के गोले से उछले हुए पानी की माप, चांदी के गोले से उछले हुए पानी की माप के बराबर नहीं है, कुछ कम है।

इस प्रयोग से आर्किमीदीज ने सिद्ध कर दिया कि चांदी और सोने के समान तौल वाले गोले समान आयतन के नहीं होते, यानी समान जगह नहीं घेरते।

गोलों के आयतन में भिन्नता होने से उछले हुए पानी की माप भी भिन्न होगी। आर्किमीदीज ने इस प्रयोग से सिद्ध कर दिया कि दोनों धातुओं के गोले समान तौल के थे, तो भी उनका आयतन या उनके द्वारा उछाले गए पानी की माप समान नहीं है।

**पानी और मुकुट**

आर्किमीदीज ने उस बरतन को पुनः पानी से भरा। इस बार मुकुट को पानी में डाला। उछले हुए पानी को उन्होंने माप लिया।

कुछ पता चला ?

हां, पता चला कि मुकुट को बरतन में डुबाने से बाहर

आया हुआ पानी, सोने के गोले से बाहर आए हुए पानी की अपेक्षा, ज्यादा है। मुकुट अगर शुद्ध सोने का होता तो पानी की दोनों माप बराबर होतीं।

सिद्ध हो गया कि मुकुट में चांदी मिलाई गई है।

“इसमें दूसरी धातु मिलाई गई है,” आर्किमीदीज ने घोषणा की।

“कितनी ?” राजा ने फिर सवाल पूछ दिया।

सोने के गोले की अपेक्षा जितना अधिक पानी बाहर आया, उसकी माप करके आर्किमीदीज ने बता दिया कि सुनार ने मुकुट के सोने में कितनी चांदी मिलाई थी।

उस सुनार का भेद तो खुल ही गया, दूसरे सुनारों को भी सबक मिला। धातुओं में मिलावट करके लोगों को ठग सकना अब आसान नहीं था।

और, विज्ञान को एक महान सिद्धांत मिला। बल्कि यह कहना ज्यादा उचित होगा कि आर्किमीदीज के इस सिद्धांत ने एक नए विज्ञान को जन्म दिया। इस विज्ञान को आज स्कूल-कॉलेज का हर विद्यार्थी ‘द्रव-स्थिति-विज्ञान’ के नाम से जानता है।

# 5

द्रव-स्थिति-विज्ञान...?

नाम सुनकर शायद तुम चौंके होगे। भारी-भरकम नाम। यह है क्या बला?

नहीं, चौंकने की बात नहीं। तुम इसको समझ लोगे तो खुद नए-नए प्रयोग करने लगोगे। लेकिन प्रयोग करते-करते कहीं सड़क़ पर नंगे ही न दौड़ पड़ना, वरना तुम्हारे माता-पिता और मित्र मुझ पर नाराज होंगे...

तो सुनो।

आधुनिक विज्ञान की पुस्तकों में आर्किमीदीज का सिद्धांत प्रायः नीचे लिखे शब्दों में व्यक्त किया जाता है :

"जब कोई वस्तु किसी द्रव या तरल में डुबाई जाती है, तो उसका भार कम होता है, जो हटाए गए द्रव के भार के बराबर होता है।"

फिर भी प्रश्न बना ही रहता है : किसी वस्तु को पानी में तौलने पर उस वस्तु की तौल क्यों कम होती है? इस प्रश्न का उत्तर यह है : वह वस्तु संपूर्ण रूप से नीचे से ऊपर की ओर ढकेली जाती है। यह दाब

हटाए गए द्रव के बराबर होता है। इसी कारण आर्किमीदीज का सिद्धांत निम्न शब्दों में भी व्यक्त किया जाता है :

"जब कोई वस्तु किसी द्रव में डुबाई जाती है, तो नीचे से ऊपर की ओर का दाब, जो हटाए गए द्रव के भार के बराबर होता है, इस पर कार्य करता है।"

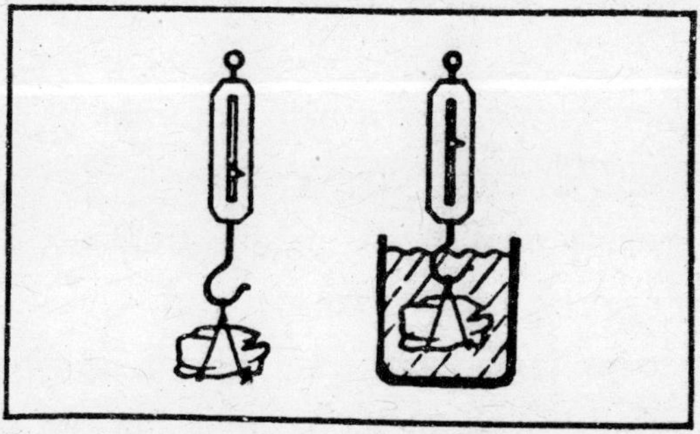

**द्रव में डुबोई गई वस्तु का भार उतना कम हो जाता है, जितना कि उससे विस्थापित हुए द्रव का होता है।**

एक छोटी-सी मिसाल देकर तुम्हें समझा दूं।

तुम कभी-कभी सोचते होगे कि पानी का जहाज, जो लोहे का बना होता है और बहुत बड़ा व भारी होता है, पानी में क्यों नहीं डूबता? छोटी-सी कील तो पानी में डूब जाती है, लेकिन कितने ही टन माल से लदा जहाज पानी की लहरों पर तैरता चला जाता है। आखिर क्यों ?

पानी के जहाज को तुम ध्यान से देखो, तो तुम पाओगे कि उसका नीचे का भाग फैले हुए किसी कटोरे की तली-जैसे आकार का होता है। बस, अब आर्किमीदीज वाली खोज यहां

भी लागू करो...

जहाज के नीचे के भाग के पानी में डूबते ही बहुत-सा पानी ऊपर उछल आता है। इस उछले हुए पानी की तौल जहाज की संपूर्ण तौल से ज्यादा होती है। इसीलिए जहाज पानी पर तैरता रहता है।

लो, तैरनेवाले पदार्थों के बारे में तुम्हें लगे हाथ कुछ नियम बता दूं :

1. ज्यादा घनत्ववाले द्रव में पदार्थ कम डूबता है और कम घनत्ववाले द्रव में ज्यादा डूबता है।

2. तैरनेवाले पदार्थ से हटे हुए द्रव की तौल उस पदार्थ की संपूर्ण तौल के बराबर होती है।

कोई पदार्थ किसी द्रव में डूबेगा या उस पर तैरेगा, यह जानने के लिए पहले उस पदार्थ का आयतन निकालना चाहिए। फिर उतने आयतन के द्रव की तौल निकाल लेनी चाहिए। अब यह तौल :

1. उस पदार्थ की संपूर्ण तौल से कम होगी, तो वह पदार्थ द्रव में डूब जाएगा।

2. वह तौल उस पदार्थ की तौल के बराबर होगी, तो पदार्थ जैसे-तैसे डूबेगा या द्रव में जहां रखा जाएगा, वहीं रहेगा।

3. तौल उस पदार्थ से ज्यादा होगी, तो द्रव में पदार्थ थिरकेगा।

अब तुम्हारी समझ में आ गया होगा कि किसी वैज्ञानिक के जीवन में एक साधारण-सी घटना भी कैसे-कैसे कमाल कर दिखाती है। इससे यह भी ज्ञात हो जाता है कि विज्ञान के

किसी महान सिद्धांत को खोज निकालने के लिए यह जरूरी नहीं है कि किताब का कीड़ा बनकर ही रहा जाए।

आर्किमीदीज सिराक्यूज के सार्वजनिक स्नानागार में उतरे और उन्होंने 'द्रव-स्थिति-विज्ञान' को खोज निकाला। इसी तरह, किस्सा है कि, एक दिन न्यूटन जब बगीचे में बैठे थे और पेड़ से टूटकर एक सेब नीचे उनके सिर पर आ गिरा, तो उन्होंने गुरुत्वाकर्षण के सिद्धांत की खोज की।

आर्किमीदीज से पहले पता नहीं कितने आदमी सिराक्यूज के उस सार्वजनिक स्नानागार में नहाने गए होंगे। न्यूटन से पहले पता नहीं कितनों के सिर पर क्या-कुछ गिरा होगा। परंतु साधारण-सी बातों के पीछे छिपे रहस्यों को समझने के लिए गहरी सूझ-बूझ की जरूरत होती है।

आर्किमीदीज ने इस गहरी सूझ-बूझ के कारण कितने ही दूसरे वैज्ञानिक सिद्धांतों को जन्म दिया, कितनी ही खोजें कीं। आओ, उनकी वैज्ञानिक खोजों के बारे में भी थोड़ा-बहुत जान लें।

# 6

यह संसार बहुत बड़ा है। संसार में बड़े-बड़े पर्वत, बड़े-बड़े समुद्र और बहुत बड़े-बड़े मरुस्थल हैं। क्या पर्वतों की गणना की जा सकती है ? हां, गणना की जा सकती है। क्या समुद्रों को गिना जा सकता है ? हां, गिना जा सकता है। क्या यह बताया जा सकता है कि संसार में कितने रेगिस्तान हैं ? हां, बताया जा सकता है।

लेकिन, क्या यह भी बताया जा सकता है कि इन रेगिस्तानों में बालू के कुल कितने कण हैं ? क्या किसी एक भी रेगिस्तान में बालू-कणों को गिना जा सकता है?

तुम शायद मन-ही-मन हंस रहे होगे और कह रहे होगे – कैसा मूर्खता-भरा सवाल है ! कहीं बालू के कणों को भी गिना जा सकता है?

लेकिन यह बात हंसने की नहीं है। आर्किमीदीज ने कहा : "हां, संसार के समस्त बालू-कणों को गिना जा सकता है, क्योंकि बालू-कण अनंत नहीं हैं।"

## Ψαμμιτησ

यह क्या ?

यह आर्किमीदीज की एक पुस्तक का यूनानी नाम है। इसे हिंदी में हम कहेंगे : 'बालू-गणक' !

अपनी पुस्तक 'बालू-गणक' के आरंभ में आर्किमीदीज ने राजा हाइरोन के बेटे गेलोन को संबोधित करते हुए कहा था--

"हे राजा गेलोन ! कुछ लोग सोचते हैं कि बालू-कणों की संख्या अनंत है। परंतु मैं कहता हूं कि न केवल सिराक्यूज के आसपास के, न केवल सिसिली के चारों ओर के, बल्कि संसार के समस्त बालू-कण अनंत नहीं हैं। समस्त विश्व भी यदि बालूमय हो तो मैं उनकी गणना कर सकता हूं।"

आर्किमीदीज के इस दावे को समझने से पहले हमें उस समय की यूनानी गणना-पद्धति के बारे में कुछ जानकारी प्राप्त कर लेनी चाहिए।

यूनानी वर्णमाला में 24 अक्षर होते हैं। यूनानी लोग संख्याओं को लिखने के लिए इसी वर्णमाला के अक्षरों को उपयोग में लाते थे। हमें यह जान लेना चाहिए कि उस समय तक आज के जैसे 1, 2, 3 आदि चिह्नों का और दाशमिक स्थानमान अंक-पद्धति का ज्ञान नहीं था।

दाशमिक स्थानमान पद्धति का अर्थ है--शून्य सहित केवल दस संकेतों (0, 1, 2, 3, 4, 5, 6, 7, 8, 9) से सारी संख्याएं लिखना। आज के 1, 2, 3 आदि चिह्नों की खोज और संख्याओं को प्रकट करने की शून्ययुक्त दाशमिक स्थानमान पद्धति पूर्णतः भारतीय आविष्कार है। भारतवर्ष से ही अन्य देशों में इनका

प्रचार व प्रसार हुआ।

| A | B | Γ | Δ | E | F | Z | H | Θ |
|---|---|---|---|---|---|---|---|---|
| 1 | 2 | 3 | 4 | 5 | 6 | 7 | 8 | 9 |
| I | K | Λ | M | N | Ξ | O | Π | Ϙ |
| 10 | 20 | 30 | 40 | 50 | 60 | 70 | 80 | 90 |
| P | Σ | T | Y | Φ | X | Ψ | Ω | ϡ |
| 100 | 200 | 300 | 400 | 500 | 600 | 700 | 800 | 900 |

/A = 1000, /B = 2000, /Γ = 3000, इत्यादि।

M या $\overset{Y}{M}$ = 10000, $\overset{B}{M}$ = 20000, $\overset{\Gamma}{M}$ = 30000, इत्यादि।

बड़े यूनानी अक्षरांक

यूनान में, अलेक्जेंड्रिया में भी, 1 से 9 तक की संख्याओं को प्रकट करने के लिए यूनानी वर्णमाला के प्रथम नौ अक्षरों का उपयोग होता था; 10 से 90 तक की नौ दशगुणित संख्याओं को प्रकट करने के लिए आगे के और नौ अक्षरों का उपयोग होता था, 100 से 900 तक की नौ शतगुणित संख्याओं के लिए और नौ अक्षरों का उपयोग होता था।

इस प्रकार कुल 27 अक्षरों की जरूरत पड़ती थी। इसलिए दो नए यूनानी अक्षर अस्तित्व में आए और एक अक्षर फिनीशियन लिपि से लिया गया। इस प्रकार, 1 से 999 तक की सभी संख्याएं यूनानी अक्षरों द्वारा प्रकट की जाती थीं इससे बड़ी 9,99,99,999 तक की संख्याएं भी अक्षरों के

आगे-पीछे या ऊपर-नीचे जोड़कर लिखी जाती थीं। परंतु ऐसी संख्याओं से गणित के सवाल बड़े ही जटिल हो जाते थे।

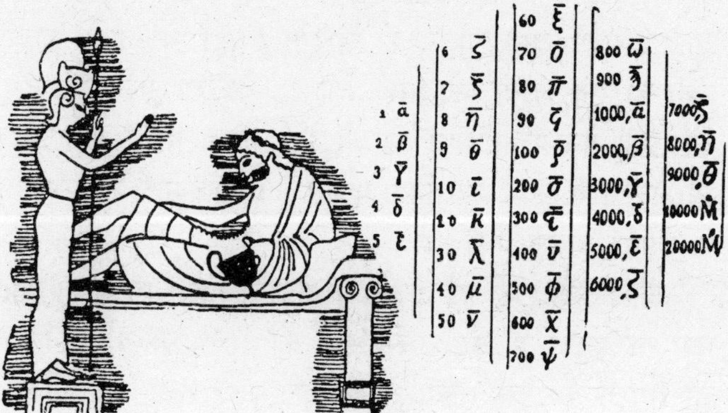


छोटे यूनानी अक्षरांक

संख्या 10,000 को यूनानी लोग 'मीरियड' कहते थे और इसे **M** अक्षर द्वारा व्यक्त करते थे। अन्य अक्षरों और चिह्नों के साथ इस अक्षर को जोड़कर बड़ी संस्थाओं को व्यक्त किया जाता था; जैसे,

$$\overset{T}{M}\rho\nu,\zeta ϡ\pi\delta = 1507984$$

आर्किमीदीज ने एक नई योजना प्रस्तुत की। उन्होंने 10,00,00,000 को एक नई इकाई माना। इकाई उस मान या माप को कहते हैं जो दूसरी चीजों की माप-तौल में मानदंड का काम दे। 10,00,00,000 को नई इकाई मान लेने पर आर्किमीदीज ने इस संख्या के वर्ग को दूसरे क्रम की इकाई माना, इसकी घन संख्या को तीसरे क्रम की इकाई। इस प्रकार

वे संख्याओं को बढ़ाते गए।

आजकल गणित में हम 100 को $10 \times 10$ या $10^2$ से व्यक्त करते हैं। इसी प्रकार, 1000 को $10^3$ से, 10000 को $10^4$ से, आदि। इससे तुम्हें मालूम हो जाएगा कि 1 के आगे जितने शून्य हों उन शून्यों की संख्या को 10 के सिर पर थोड़ी दाईं ओर रख देने से संक्षिप्त रूप में उस संख्या को प्रकट किया जा सकता है। यह आधुनिक पद्धति है। आर्किमीदीज के समय में इसका चलन नहीं था।

आर्किमीदीज की नई योजना के अनुसार संख्या 10,00,00,000 एक नई इकाई है और इस संख्या को $10^8$ द्वारा व्यक्त किया जा सकता है। इस संख्या के वर्ग को $10^{16}$ द्वारा व्यक्त किया जा सकता है, इसके घन को $10^{24}$ द्वारा, और इसी प्रकार यह क्रम चलता रहेगा।

इस प्रकार की क्रमिक गणना के आधार पर आर्किमीदीज ने यह दावा किया कि वह विश्व के समस्त बालू-कणों की गणना कर सकते हैं। और, अपनी 'बालू-गणक' पुस्तक में उन्होंने लिखा भी कि पृथ्वी के बालू-कणों की संख्या $10^{63}$ से अधिक नहीं है।

जो भी हो। इस समय बालू-कणों की ठीक-ठीक संख्या से हमें उतना सरोकार नहीं है, जितना कि उस तरीके से जिसके द्वारा आर्किमीदीज इस गणना-पद्धति पर पहुंचे थे। आर्किमीदीज के इस दावे में तीन बातें प्रमुख हैं।

पहली बात यह कि आर्किमीदीज विज्ञान के इतिहास में संभवतः प्रथम व्यक्ति थे जो बड़ी-से-बड़ी संख्याओं को समझ

सकते थे, उन्हें उपयोग में ला सकते थे।

दूसरी बात यह है कि वे बड़ी-से-बड़ी संख्या और 'अनंत' के भेद को अच्छी तरह जानते थे। आर्किमीदीज के बाद भी बहुत-से गणितज्ञ इस भेद को ठीक से समझ नहीं पाए। केवल उन्नीसवीं शताब्दी में ही इस भेद को स्पष्ट किया जा सका—वह भी महान जर्मन गणितज्ञ ग्योर्ग कान्तोर (1845-1918 ई.) की कृपा से। आज हम आर्किमीदीज की ही भाषा में कह सकते हैं कि कोई भी वस्तु-संख्या अनंत नहीं है : ब्रह्मांड के तारे-नक्षत्र अनंत नहीं हैं, यहां तक कि विश्व के समस्त अणु-परमाणु भी अनंत नहीं हैं!

तीसरी बात यह है कि आर्किमीदीज की उपर्युक्त गणना-पद्धति में 'इंडेक्स' अर्थात् घातांक का नियम निहित था। $10^8$, $10^{16}$, $10^{24}$, $10^{32}$...क्रम को आधुनिक गणित में ज्यॉमेट्रिकल सीरीज यानी ज्यामितीय श्रेणी कहते हैं। इन इकाइयों का उल्लेख करते समय आर्किमीदीज हमें यह बतलाते हैं कि 'य' घातवाली इकाई का और 'र' घातवाली इकाई का गुणाकार (य + र) घातवाली इकाई होगा। इसे आधुनिक रूप में हम इस प्रकार व्यक्त कर सकते हैं :

$$\text{अ}^{\text{य}} \times \text{अ}^{\text{र}} = \text{अ}^{(\text{य}+\text{र})}$$

यहां पर हमें पहली बार घातांक नियम के दर्शन होते हैं। लगभग 1800 वर्ष बाद इसी सिद्धांत पर आगे बढ़ते हुए गणित में 'लॉगरिथमिक कैलकुलेशन' अर्थात् लघुगणकीय गणना-पद्धति अस्तित्व में आई।

यहां प्राचीन यूनानी विज्ञान की एक कमी जान लेना जरूरी

है। यूनान ने बड़े-बड़े गणितज्ञ पैदा किए, परंतु उनमें से कोई भी एक बढ़िया अंक-पद्धति का निर्माण नहीं कर सका, आर्किमीदीज भी नहीं! अपनी लिपि के अक्षरों का उपयोग करके संख्याएं व्यक्त करने के उनके तरीके में बहुत झमेला था, गणनाएं करने में बड़ी दिक्कत होती थी। आर्किमीदीज ने बड़ी-बड़ी संख्याओं को व्यक्त करने का नया तरीका तो बताया, परंतु अक्षरों से संख्याएं लिखने की पुरानी पद्धति नहीं बदली!

अस्तु, आर्किमीदीज ने आज से लगभग 2250 वर्ष पहले ही 'अनंत' और बड़ी-से-बड़ी संख्या के बीच के भेद को अच्छी तरह समझ लिया था। इस भेद को समझने और नई गणना-पद्धति का आविष्कार कर सकने के कारण ही उन्होंने दावा किया था :

"हां, संसार के समस्त बालू-कणों की गणना की जा सकती है..."

# 7

अब तुम समझ गए होगे कि आर्किमीदीज की बहुत-सी उक्तियां किसी को भी अचंभे में डाल सकती हैं। हम अभी-अभी देख चुके हैं कि आर्किमीदीज ने बड़ी-बड़ी संख्याओं को व्यक्त करने की एक नई पद्धति का आविष्कार किया था। इस पद्धति के आधार पर वह बड़ी-से-बड़ी संख्याओं वाले प्रश्नों को भी आसानी से हल कर लेते थे।

प्राचीन काल में गणित के सवाल कुछ भिन्न रूप

आर्किमीदीज और दो विद्यार्थी

में पेश किए जाते थे। नीचे लिखा सवाल अलेक्जेंड्रिया के विद्यार्थियों के सामने खुद आर्किमीदीज ने पेश किया था–

"हे विद्यार्थी-गण! क्योंकि तुम बुद्धिमान हो, इसलिए इस सवाल का उत्तर दो। सूर्य देवता के चौपायों का एक दल था। इस दल में जो बैल थे वे चार रंग के थे–कत्थई, सफेद, भूरे और काले। सफेद बैलों से कत्थई बैलों की संख्या भूरे बैलों की संख्या के (1/2+1/3) गुना से कम थी, और भूरे बैलों से काले बैलों की संख्या (1/4+1/5) गुना से कम थी, और काले बैलों से सफेद बैलों की संख्या (1/6+1/7) गुना से कम थी।

"चौपायों के इस दल में उन्हीं चार रंगों की गाएं भी थीं। इनमें सफेद गायों की संख्या संपूर्ण भूरे चौपायों (बैलों और गायों) की संख्या के (1/3+1/4) गुना थी, भूरी गायों की संख्या काले चौपायों की संख्या के (1/4+1/5) गुना थी, और काली गायों की संख्या कत्थई चौपायों की संख्या के (1/5+1/6) गुना थी, और कत्थई गायों की संख्या सफेद चौपायों की संख्या के (1/6+1/7) गुना थी।

"हे विद्यार्थी-गण! अब बताओ कि विभिन्न रंगों की गायों और बैलों की संख्या अलग-अलग कितनी थी ?"

बेशक, यह सवाल तुम्हें बहुत टेढ़ा लगेगा। लेकिन आज इस सवाल का हल निकालना कठिन नहीं है। कारण यह कि बीजगणित के समीकरणों से इसका उत्तर निकाला जा सकता है।

लेकिन उन दिनों इस सवाल का उत्तर पा सकना सचमुच कठिन पहेली थी। क्या कोई विद्यार्थी इस प्रश्न का उत्तर निकाल

सका ? शायद नहीं। तब आर्किमीदीज ने इस सवाल का उत्तर निम्न संख्याओं में स्वयं दिया :

| | बैल | गाएं |
|---|---|---|
| कत्थई : | 33,19,50,960 | 43,51,38,040 |
| सफेद : | 82,93,28,560 | 57,55,28,800 |
| भूरे : | 59,68,41,120 | 38,94,59,680 |
| काले : | 44,86,44,800 | 28,12,65,600 |

ऊपर की सभी संख्याओं को 80 से भाग दिया जा सकता है। इसलिए इससे भी सरल उत्तर संभव है। पहले हम देख चुके हैं कि उस काल में अंकों को लिखने की यूनानी पद्धति कितनी जटिल थी।

ऊपर की संख्याओं को देखकर आश्चर्य होता है कि आर्किमीदीज किस तरीके से इन संख्याओं के उत्तर तक पहुंचे होंगे।

कभी-कभी तो ऐसा लगता है कि आर्किमीदीज को गणना की आज-जैसी ही कोई पद्धति ज्ञात थी। और, उसी पद्धति के सहारे उन्होंने ऊपर के सवाल को हल किया होगा।

कुछ भी हो, ऊपर के सवाल पर विचार करने से यह स्पष्ट हो जाता है कि आर्किमीदीज में अद्‌भुत गणना-शक्ति थी।

# 8

आर्किमीदीज के लिए गणित उनके जीवन की सबसे अहम चीज थी। लेकिन इस गणित को वह ऊंचे 'सिद्धांतों' के स्तर पर ही नहीं रखना चाहते थे। वह यह भी सोचते थे कि इस गणित का उनके देश के हित में, देश की जनता के हित में, किस तरह उपयोग किया जा सकता है।

वह सोचते रहे, सोचते रहे...

सोचते-सोचते उन्होंने गणित को जन-जीवन से संबंधित समस्याओं पर लागू करना शुरू किया। और अंत में वह अपने इस प्रयास में पूर्णतः सफल भी हुए।

कैसी सफलता ?

उन्होंने एक 'स्क्रू' बनाया। 'स्क्रू' तो समझते हो न? स्क्रू यानी पेच। इसे 'आर्किमीदीज का स्क्रू या पेच' कहते हैं।

आर्किमीदीज द्वारा आविष्कार किए गए अधिकांश यंत्र या तो किसी आवश्यकता से संबंधित थे या राजा हाइरोन के अनुरोध पर बनाए गए थे। आर्किमीदीज का यह 'स्क्रू' भी किसी जरूरत के कारण ही अस्तित्व

में आया होगा।

कैसी जरूरत? एक ही जरूरत हो सकती थी : किसी निचले स्थान से पानी को ऊपर लाने की जरूरत। हर काल में, हर स्थान पर, इस प्रकार की जरूरत रही है, और आज भी है।

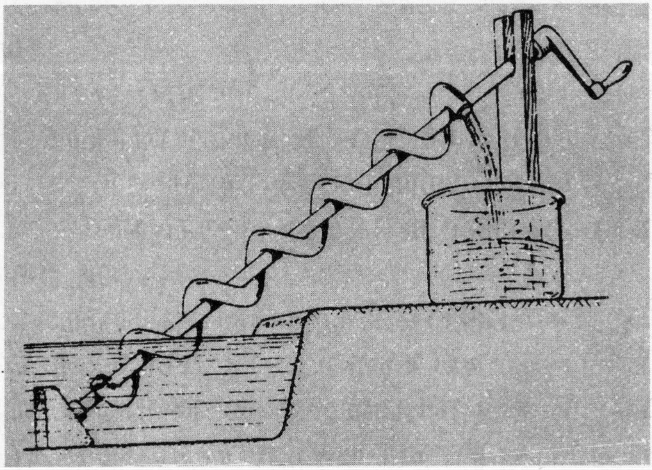

आर्किमीदीज का स्क्रू

आर्किमीदीज के स्क्रू की रेखाकृति यहां दी हुई है। इसमें सिलिंडर यानी बेलन के आकार की एक लंबी नलिका में सर्पिल आकार का एक स्क्रू यानी पेच होता है। यह स्क्रू सिलिंडर की नलिका से सटा हुआ होता है। स्क्रू के अक्ष को घुमाने से संपूर्ण स्क्रू एक साथ घूमता है।

यदि आर्किमीदीज के स्क्रू का निचला भाग पानी में डूबा

हुआ हो और स्क्रू के अक्ष को हैंडल से घुमाया जाए, तो पानी अपने-आप ऊपर चढ़ने लगता है। इस प्रकार एक जादू-जैसे तरीके से नीचे का पानी ऊपर लाने में आर्किमीदीज को सफलता मिली।

मिस्र में आर्किमीदीज के स्क्रू का उपयोग

जाहिर है कि आर्किमीदीज के समकालीन लोगों को यह तरीका बड़ा अद्‌भुत लगा होगा। मिस्र में पानी को ऊपर उठाने के लिए आज भी आर्किमीदीज के स्क्रू-जैसे यंत्र का उपयोग होता है। नीदरलैंड के लोग तो आज भी अपने खेतों को सींचने के लिए – गड्ढों का पानी ऊपर उठाकर खेतों में बहाने के लिए – आर्किमीदीज के स्क्रू-जैसे यंत्र का ही उपयोग करते हैं। और, आधुनिक कारखानों में कोयले को भट्ठियों तक ले जाने के लिए, और राख को बाहर निकालने के लिए भी, आर्किमीदीज के स्क्रू-जैसे यंत्रों का ही इस्तेमाल होता है।

आर्किमीदीज ने इस प्रकार के एक-दो नहीं, बल्कि लगभग

चालीस यंत्रों का आविष्कार किया। इन सभी आविष्कारों की कहानी सुनाने के लिए पूरी एक किताब चाहिए। इसलिए यहां हम उनके उत्तोलक और घिरनी की ही जानकारी देंगे। परंतु पहले यह सलाह...

कौन-सी सलाह ?

सलाह यह कि बड़े होकर तुम आर्किमीदीज के यंत्रों के बारे में खुद विस्तार से पढ़ लेना।

तो लो, अब उत्तोलक की चर्चा सुनो।

**प्राचीन काल से उत्तोलक का प्रयोग**

सामान्य उत्तोलक (लीवर) एक ठोस, सख्त डंडा-सा होता है। उत्तोलकों से बड़े-बड़े वजनों को हटाने या सरकाने की प्रथा

बहुत प्राचीन काल से चली आ रही है। प्रागैतिहासिक युग का मानव भी इसे जानता था। भारत, मिस्र, असीरिया आदि देशों में पत्थरों की बड़ी-बड़ी इमारतों का निर्माण हुआ है। उन पत्थरों को ढकेलने के लिए निश्चय ही उत्तोलकों का उपयोग हुआ है।

आर्किमीदीज की विशेषता इस बात में है कि उन्होंने उत्तोलकों से संबंधित नियमों को खोज निकाला। ये नियम इस प्रकार हैं :

1. तुला-दंड के मध्यबिंदु से समान दूरी पर स्थित समान वजन एक-दूसरे से पूर्णतया संतुलित होते हैं।

2. दो समान वजन यदि मध्यबिंदु से असमान दूरी पर स्थित हों, तो अधिक दूरी पर स्थित वजन नीचे की ओर जाता है।

ऊपर के दोनों नियम बड़ी आसानी से प्रयोग द्वारा सिद्ध किए जा सकते हैं। इन दोनों स्वयंसिद्ध नियमों में उत्तोलक

प्राचीन काल से घिरनियों का प्रयोग

संबंधी नियम और गुरुत्वकेंद्र का नियम निहित है।

आर्किमीदीज ने घिरनियों के नियमों की भी खोज की। अपने नियमों के बारे में वह दृढ़मत होते थे, यानी उन्हें पूरा यकीन होता था कि उनके नियम सत्य हैं। इसलिए इन नियमों से संबंधित उक्तियों से वे सभी को आश्चर्य में डाल देते थे।

**भार उठाने के लिए एक घिरनी का प्रयोग (बाएं) और दो घिरनियों का प्रयोग (दाएं)**

आर्किमीदीज के जीवन-काल में ही रोम के सेनापति मार्सेलुस ने साठ जहाजों के साथ समुद्र की ओर से सिराक्यूज बंदरगाह पर चढ़ाई की थी। राजा हाइरोन घबरा उठा। उसने आर्किमीदीज को बुलाया और पूछा : "क्या तुम ऐसा कोई तरीका निकाल सकते हो जिससे ये जहाज यहां से हट जाएं या

नष्ट हो जाएं?"

जानते हो, आर्किमीदीज ने क्या कहा? उसने उत्तर दिया :

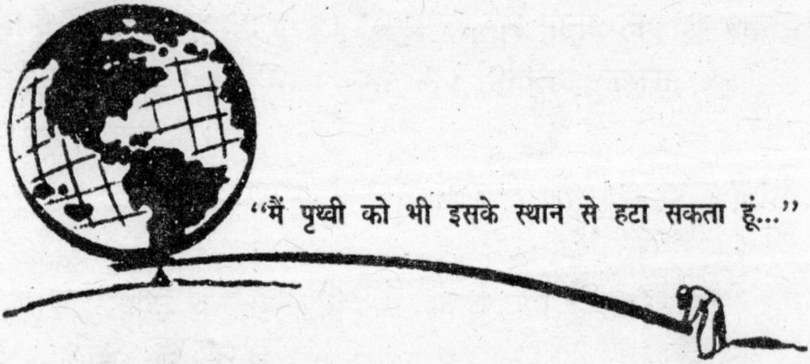


"इन जहाजों को तो क्या, यदि पृथ्वी के बाहर पैर रखने को जगह मिल जाए, तो मैं पृथ्वी को भी हटा सकता हूं।"

राजा हाइरोन को आर्किमीदीज के इस दावे पर विश्वास नहीं हुआ। तब आर्किमीदीज ने एक प्रयोग करके दिखाया।

घिरनियों की योजनाओं से उन्होंने एक ऐसा यंत्र तैयार कर डाला जिससे कि एक आदमी के खींचने से ही जमीन पर का जहाज ऊपर लटकने लगा।

तभी जाकर हाइरोन को आर्किमीदीज के शब्दों पर विश्वास हुआ।

इस प्रकार हम देखते हैं कि न केवल गणित के सिद्धांतों में, बल्कि यांत्रिक आविष्कारों में भी, आर्किमीदीज अपने समय से बहुत आगे थे – इतना आगे कि उस समय के लोगों को आर्किमीदीज के आविष्कार जादू-जैसे लगते थे।

# 9

आओ, तुम्हारा परिचय एक नए अक्षर से कराएं। यह अक्षर है : π

यह यूनानी लिपि का एक अक्षर है। इसे कहते हैं : 'पाइ'। विज्ञान के सभी विद्यार्थी इस अक्षर से परिचित होते हैं, क्योंकि इस अक्षर का गणित में एक विशेष अर्थ है। इस अक्षर की, या यूं कहो कि गणित के इस चिह्न की, अपनी एक रोचक कहानी है, जो सभ्यता के आरंभकाल से ही शुरू होती है।

गणित में वृत्त की परिधि और इसके व्यास के अनुपात को इस π (पाइ) अक्षर से व्यक्त करने की प्रथा है। सूत्र रूप में हम इसे यूं व्यक्त कर सकते हैं :

परिधि/व्यास = π (पाइ)

प्रारंभिक गणित से परिचित विद्यार्थी भी इस बात को जानते हैं कि इस पाइ (π) का कोई पूर्णांक या अपूर्णांक में कोई निश्चित मान नहीं है। गणित में ऐसे मानों को क्या कहते हैं, जानते हो ? इन्हें 'अपरिमेय' मान कहते हैं। 'अपरिमेय' का अर्थ है—ऐसी संख्या

जिसे ठीक-ठीक मापा नहीं जा सकता, जिसे किसी पूर्णांक या भिन्न में व्यक्त नहीं किया जा सकता। $\pi$ (पाइ) एक खास प्रकार की अपरिमेय संख्या है।

तो फिर इस 'पाइ' का मान क्या होगा ?

आर्किमीदीज ने एक विशिष्ट तरीके से इस $\pi$ का एक कामचलाऊ मान खोज निकाला। नीचे के चित्र को देखो :

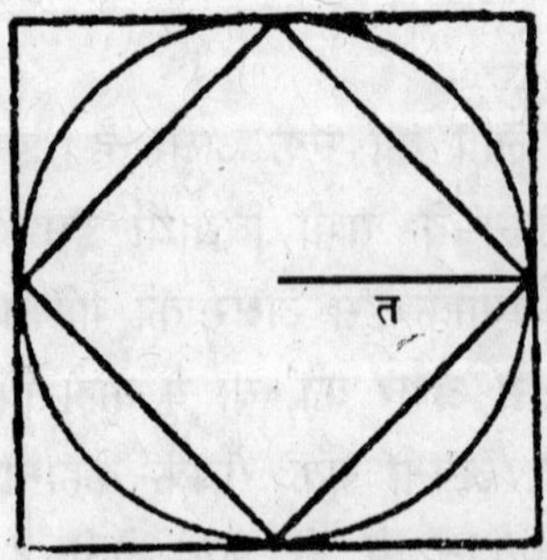


**वृत्त के भीतर और बाहर वर्ग**

मान लो कि वृत्त की त्रिज्या (अर्धव्यास) 'त' है। तब इस वृत्त को पूर्ण रूप से घेरनेवाले वर्ग का क्षेत्रफल $4त^2$ होगा। और, वृत्त के भीतर पूर्ण रूप से बैठनेवाले सबसे बड़े वर्ग का क्षेत्रफल $2त^2$ होगा। इससे यह स्पष्ट हो जाता है कि वृत्त का क्षेत्रफल $2त^2$ और $4त^2$ के बीच में होना चाहिए।

अब यदि वर्ग के बजाय वृत्त के बाहर और भीतर नियमित षट्कोण बनाए जाएं, तो वृत्त का क्षेत्रफल $2.598\ त^2$ और $3.464\ त^2$ के बीच होगा। नियमित अष्टकोण बनाए जाएं, तो

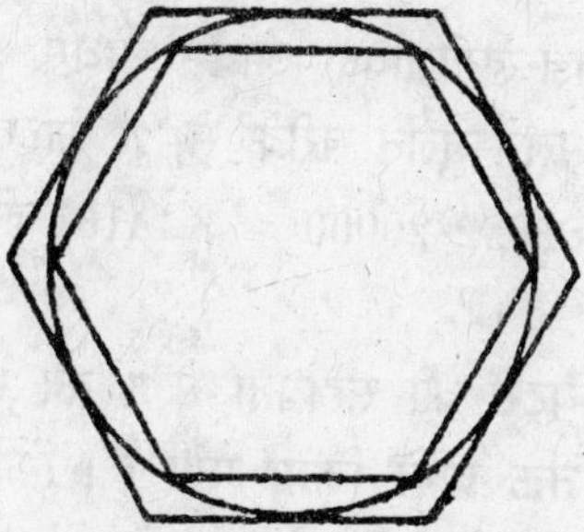

वृत्त के भीतर और बाहर षड्भुज

वृत्त का क्षेत्रफल 2.828 $त^2$ और 3.314 $त^2$ के बीच होगा।

इस प्रकार भुजाओं को यदि बढ़ाते चले जाएं, तो इन बहुभुजाकृतियों की भुजाएं वृत्त की परिधि के अधिकाधिक नजदीक पहुंचती जाएंगी। 96 भुजाओं वाली बहुभुजाकृतियों को उपयोग में लाया जाए, तो $\pi$ (पाइ) का मान 3.1395 और 3.1426 के बीच आता है।

आर्किमीदीज ने 96 भुजाओं वाली बहुभुजाकृतियां अपने उपयोग के लिए चुनीं और संख्याओं के कुछ सन्निकट मानों के आधार पर उन्होंने परिणाम निकाला कि $\pi$ का मान $3\frac{10}{71}$ (या 3.1418) और $3\frac{10}{71}$ (या 3.1429) के बीच होना चाहिए।

क्या आर्किमीदीज की गणना सही थी ? हां, हमें मानना पड़ेगा कि उनकी गणना सही थी।

सबूत यह है कि आजकल कामचलाऊ व्यवहार के लिए हम $\pi$ का मान 3.1416 या 22/7 ही लेते हैं।

प्राचीन भारत में $\pi$ का मान 3 या $\sqrt{10}$ लेने का रिवाज

था। फिर गणितज्ञ-खगोलविद आर्यभट-प्रथम (499 ई.) ने, आर्किमीदीज से मिलते-जुलते तरीके से, π का एक बेहतर मान खोज निकाला : 62832/20000 = 3.1416, जो चार दशमलव स्थानों तक शुद्ध है।

वैसे, सुपरकंप्यूटरों की सहायता से π का मान अब अरबों दशमलव स्थानों तक प्राप्त किया गया है। फिर भी अंत हाथ नहीं लगा है ! π है ही ऐसी अद्‌भुत संख्या। आधुनिक गणित के शब्दों में कहें तो π एक 'अबीजीय संख्या' है।

# 10

पिछले अध्यायों को पढ़कर शायद तुम सोचने लगे होगे कि सब विषयों में गणित ही सबसे अधिक कठिन विषय है। फिर आर्किमीदीज तो एक महान गणितज्ञ थे। उनके गणित संबंधी आविष्कारों को समझने के लिए उच्च गणित का ज्ञान होना जरूरी है।

लेकिन इस पुस्तक का उद्देश्य तुम्हें उच्च गणित सिखलाना नहीं है। इसका उद्देश्य है, आर्किमीदीज के जीवन और कार्यों की कहानी संक्षेप में तुम्हें सुनाना। तो भी, हमें आर्किमीदीज के महान गणितीय आविष्कारों के नाम तो जान ही लेने चाहिए। किसी ने कहा भी है कि किसी वस्तु का नाम और उसकी आकृति आदि को समझ लेने का मतलब होता है, उस वस्तु को कम-से-कम आधा समझ लेना। आज आर्किमीदीज के आविष्कारों को पूर्ण न सही, अगर थोड़ा भी समझ लोगे तो बहुत अच्छा है। आगे चलकर जब तुम इन नामों और विषयों के बारे में सुनोगे या इनके बारे में विशेष रूप से पढ़ोगे तब आज का यह प्रारंभिक परिचय तुम्हें निश्चित ही याद आएगा।

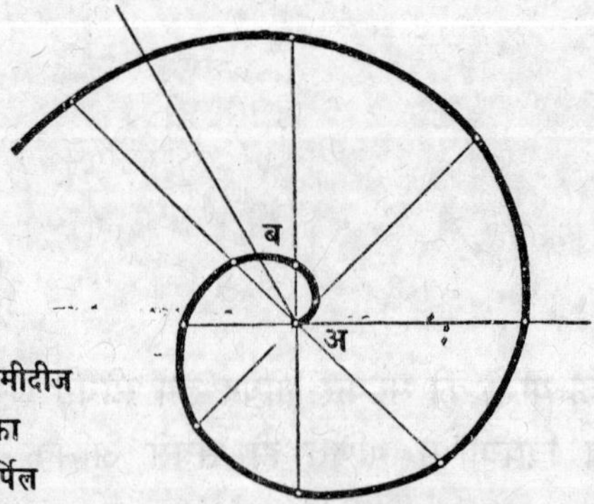


आर्किमीदीज
का
सर्पिल

वृत्त से तुम सभी परिचित हो। वृत्त की आकृति वाली बहुत-सी वस्तुएं प्रतिदिन देखने में आती हैं। तुममें से कुछ को वृत्त के बारे में विशेष जानकारी भी हो सकती है। जैसे : वृत्त के केंद्रबिंदु से उसकी परिधि-रेखा समान अंतर पर होती है, और यह कि वृत्त की परिधि 2 π त$^2$ होती है, जहां 'त' वृत्त की त्रिज्या यानी अर्धव्यास है। π (पाइ) का अर्थ हम तुम्हें पीछे बता ही आए हैं।

ज्यामिति में अनेक वक्रों की चर्चा रहती है। वृत्त के अतिरिक्त दीर्घवृत्त, परवलय (पैराबोला), अतिपरिवलय (हायपरबोला) आदि कई प्रसिद्ध वक्र हैं। 'निर्देशांक ज्यामिति' में इन वक्रों का अध्ययन किया जाता है।

पर ये सभी सामान्य वक्र हैं, और इनका ज्ञान लगभग 2500 वर्षों से गणितज्ञों को रहा है। इनके अतिरिक्त भी कुछ वक्र हैं, जिनके अपने विशिष्ट गुणधर्म हैं। जिन-जिन गणितज्ञों ने ऐसे वक्रों का और उनके गणितीय सूत्रों का पता लगाया, उन्हीं

गणितज्ञों के नाम पर उन वक्रों को गणित में पहचाना जाता है।

तो क्या आर्किमीदीज के नाम पर भी कोई वक्र है ?

हां, मैं तुम्हें वही बताने जा रहा हूं।

आर्किमीदीज ने एक वक्र का पता लगाया था। उन्हीं के नाम पर आज भी इस वक्र को 'आर्किमीदीज का सर्पिल' कहा जाता है। 'सर्पिल' इसे इसलिए कहते हैं कि इस वक्र का आकार सर्प की कुंडली-जैसा है। पिछले पृष्ठ पर इस वक्र की आकृति दी गई है।

कुछ लोगों का अनुमान है कि इस वक्र की खोज आर्किमीदीज के गणितज्ञ-मित्र कोनोन ने की थी। लेकिन कोनोन को इसके गुणधर्मों का पता नहीं था। इसके गुणधर्मों को आर्किमीदीज ने ही खोज निकाला। आर्किमीदीज ने इस वक्र को 'हेलिक्स' नाम दिया और इसकी व्याख्या की : "एक सीधी

आर्किमीदीज के सर्पिल का आधुनिक रेडारों की एंटिनाओं के निर्माण में उपयोग

रेखा लो। उसके एक सिरे (अ) को स्थिर रहने दो और दूसरे सिरे को उसके गिर्द एक समतल में एकसमान वेग से घुमाते हुए आरंभिक स्थल पर ले आओ। उसके साथ-साथ ही, स्थिर बिंदु (अ) से आरंभ करके उस रेखा पर उसी एकसमान वेग से एक बिंदु (ब) को चलने दो। तब बिंदु 'ब' उस समतल में जो वक्र बनाएगा वह 'हेलिक्स' होगा।"

आर्किमीदीज के अन्य आविष्कारों की तरह इस 'हेलिक्स' का भी उपयोग आधुनिक काल में ही हुआ।

आजकल के रेडारों की एंटेनाओं के निर्माण में आर्किमीदीज के इसी वक्र के नियमों का उपयोग होता है। यदि इस वक्र के गुणधर्मों का पता आर्किमीदीज ने न लगाया होता, तो रेडार-जैसे महत्वपूर्ण यंत्र का काम कर सकना अवश्य कठिन हो जाता।

# 11

हम तुम्हें बता चुके हैं कि आर्किमीदीज का उच्च अध्ययन अलेक्जेंड्रिया (सिकंदरिया) के विश्वविद्यालय में हुआ था। अलेक्जेंड्रिया में उस समय इराटोस्थनीज नाम के एक यूनानी विद्वान खगोल-विज्ञान के प्राध्यापक थे। इराटोस्थनीज और आर्किमीदीज में गहरी मित्रता थी। आर्किमीदीज के पिता की भी ग्रह-नक्षत्रों के अध्ययन में गहरी रुचि थी। इसलिए यह स्वाभाविक ही था कि आर्किमीदीज को भी खगोल-विज्ञान का अच्छा ज्ञान हो।

इराटोस्थनीज ई.पू. 240 के आसपास अलेक्जेंड्रिया के विश्वविद्यालय में अध्यापक थे। साथ ही, वह वहां के पुस्तकालय के अध्यक्ष भी थे। उनके अगाध ज्ञान के कारण उन्हें 'दूसरा प्लेटो' कहा जाता था। विश्वविद्यालय में उनके कमरे का नंबर दूसरा होने से सभी विद्यार्थी उन्हें 'बीटा' (β) उपनाम से जानते थे। बीटा (β) यूनानी वर्णमाला का दूसरा अक्षर है।

इराटोस्थनीज की प्रमुख खोज थी – पृथ्वी के व्यास और परिधि का मापन। इराटोस्थनीज के तरीके

के अनुसार, पृथ्वी की परिधि 2,50,000 स्टेडिया थी। 'स्टेडिया' दूरी मापने की एक इकाई है, जो उस समय यूनान में उपयोग में लाई जाती थी। पांच स्टेडिया लगभग एक किलोमीटर के बराबर होते हैं।

पृथ्वी की परिधि जान लेने पर उसका व्यास आसानी से जाना जा सकता था। इराटोस्थनीज ने पृथ्वी का व्यास करीब 12,600 किलोमीटर बताया, जो आज की गणनाओं से काफी मेल खाता है। भूमध्यरेखा पर पृथ्वी का व्यास 12,756 किलोमीटर है।

तुम पीछे पढ़ चुके हो कि आर्किमीदीज ने 'बालू-गणक' नाम की एक पुस्तक लिखी थी। इस पुस्तक में बालू-कणों की गणना से संबंधित चर्चा के अलावा पृथ्वी, सूर्य, चंद्र आदि की दूरियों और उनके परस्पर संबंधों का भी गंभीर विवेचन है। संसार के समस्त बालू-कणों को जानने के लिए पहले पृथ्वी, सूर्य आदि से संबंधित आंकड़ों को जानना भी जरूरी था।

इस पुस्तक में आर्किमीदीज ने लिखा है : "आप जानते ही हैं कि कुछ लोगों के अनुसार 'विश्व' एक ऐसा गोला है, जिसका केंद्र-बिंदु पृथ्वी के केंद्र में स्थित है, और इस गोले की त्रिज्या पृथ्वी और सूर्य के केंद्रों को जोड़नेवाली सरल रेखा है। परंतु सामोस नगर के अरिस्टार्कस ने एक ऐसी पुस्तक लिखी है, जिसमें वह लिखते हैं कि विश्व इससे कहीं अधिक विशाल है। उनके सिद्धांत के अनुसार सूर्य और तारे स्थिर हैं और पृथ्वी एक वृत्तीय मार्ग में सूर्य की परिक्रमा करती है, और सूर्य इस वृत्त के केंद्र में स्थिर है।"

अरिस्टार्कस ईसा पूर्व तीसरी शताब्दी के एक यूनानी खगोलवेत्ता थे। उन्होंने अपनी पुस्तक में सूर्य, चंद्र आदि की दूरियों की चर्चा की थी। अरिस्टार्कस के पहले और बाद में भी अधिकांश लोगों की यही मान्यता रही है कि पृथ्वी विश्व के केंद्रस्थान में है। ईसाइयों के धर्मग्रंथ बाइबल में भी इसी तरह लिखा हुआ है। जो कोई इस मत के खिलाफ आवाज उठाता, उसे नास्तिक माना जाता था। लगभग 1800 वर्षों बाद कोपर्निकस (1473-1543 ई.) ने पुनः अरिस्टार्कस के सिद्धांतों को नए रूप में प्रस्तुत किया। उन्हें इसकी सजा देने में धार्मिक कठमुल्ले नहीं चूके। अरिस्टार्कस को 'प्राचीन जगत का कोपर्निकस' कहा जाता है। आज स्कूलों के सभी विद्यार्थी जानते हैं कि पृथ्वी विश्व के केंद्र में नहीं है, बल्कि अन्य ग्रहों के साथ पृथ्वी भी सूर्य की परिक्रमा करती रहती है।

विश्व के बालू-कणों की गिनती करने के लिए आर्किमीदीज ने निम्नलिखित बातों को स्वीकार किया था :

1. पृथ्वी की परिधि 30,00,000 स्टेडिया है।

2. चंद्र के व्यास से पृथ्वी का व्यास अधिक है, और सूर्य का व्यास पृथ्वी के व्यास से अधिक है।

3. सूर्य का व्यास चंद्र के व्यास के 30 गुना ज्यादा है; इससे अधिक नहीं है।

आर्किमीदीज ने लिखा है : "अरिस्टार्कस ने मालूम किया है कि सूर्य का व्यास क्रांतिवृत्त (आकाश में सूर्य का वृत्ताकार मार्ग) का 1/720वां भाग है।" इसके बाद आर्किमीदीज ने स्वयं इस मान्यता को सिद्ध कर दिखाया।

इन सिद्धियों के आधार पर आर्किमीदीज ने परिणाम निकाला कि :

पृथ्वी का व्यास 'विश्व' के व्यास से 10,000 गुना कम है, और 'विश्व' का व्यास 10,00,00,00,000 स्टेडिया से कम है।

ऊपर के कथन आज हमें साधारण मालूम होते हैं। परंतु यदि हम आर्किमीदीज के समय का खयाल करें तो उनका सही महत्व हमारी समझ में आ जाएगा। उस समय अंतरिक्ष में उड़ान की बात तो बहुत दूर रही, आज-जैसे आवागमन के साधनों तक की सुविधा नहीं थी। यूनानी लोगों को पृथ्वी के सभी देशों का ज्ञान नहीं था।

कुछ भी हो। यह स्पष्ट हो जाता है कि आर्किमीदीज खगोलशास्त्र से भी परिचित थे। विशेष बात यह है कि उन्होंने खगोल से संबंधित अपने समय के सबसे सही सिद्धांतों को अपनाया था। इस दृष्टि से वे अपने युग से कहीं ज्यादा आगे थे। सही शब्दों में कहा जाए तो आर्किमीदीज एक क्रांतिकारी विचारक थे।

इतिहास भी कैसी विचित्र चीज है।

काफी पहले फिनीशिया के व्यापारियों और नाविकों ने अफ्रीका के उत्तरी तट पर अपनी एक बस्ती बसाई थी, जिसका नाम कार्थेज था। रोम और कार्थेज के बीच कई वर्षों तक युद्ध जारी रहा। ये लड़ाइयां 'प्यूनिक युद्धों' के नाम से प्रसिद्ध हैं। रोम और कार्थेज के बीच आर्किमीदीज का सिराक्यूज नगर पड़ता था। रोमन सेनापति का नाम था मार्सेलुस। इस नाम से तुम परिचित हो चुके हो।

मार्सेलुस ने सोचा, "क्यों न लगे हाथ सिराक्यूज़ पर भी कब्जा कर लिया जाए।"

और, उसने सिराक्यूज को घेर लिया। लगभग तीन वर्षों तक यह घेरा कायम रहा। बताया जाता है कि अपनी जन्मभूमि की रक्षा के लिए आर्किमीदीज द्वारा निर्मित युद्ध-मशीनों के कारण ही मार्सेलुस को सिराक्यूज में प्रवेश करने से रोका जा सका।

राजा हाइरोन ने आर्किमीदीज को बुलाया और उनसे मदद मांगी। आर्किमीदीज ने कहा, "मैं रोम के

जहाजी बेड़े को नष्ट कर सकता हूं।"

"किस तरह ?" हाइरोन ने पूछा।

"जलते शीशों से।" आर्किमीदीज ने उत्तर दिया।

हाइरोन कुछ नहीं बोला। उसने केवल अपना सिर हिला दिया। उसे लगा कि सोचते-सोचते आर्किमीदीज का दिमाग खराब हो गया है। इसीलिए तो वह ऐसी असंभव बातें करता है।

परंतु आर्किमीदीज ने अपने दावे को सिद्ध कर दिखाया। मार्सेलुस के जहाज जैसे ही सिराक्यूज बंदरगाह के निकट आए, आर्किमीदीज ने 'जलते शीशों' को उन जहाजों पर केंद्रित कर दिया। वे 'शीशे' धातुओं की प्लेटों से बनाए गए थे। अतः उन विशाल धातु-प्लेटों पर पड़नेवाला सूर्य-प्रकाश आगे आनेवाले जहाजों पर केंद्रित हो जाता था, जैसा कि 'मैग्निफाइंग ग्लास' यानी आवर्धक लेंस से होता है। इस तरह जहाज में आग लगकर

आर्किमीदीज के 'जलते शीशों' से रोमन जहाजों का विनाश

वे नष्ट हो जाते थे।

बहुत-से लोग इस कथा में विश्वास नहीं करते। परंतु धातु के कटोरेनुमा शीशों के साथ इस प्रकार के परीक्षण करके न्यूटन ने मत प्रकट किया था कि आर्किमीदीज के संबंध में जो कथा कही जाती है कि वह एकदम असंभव नहीं है।

मार्सेलुस ने जमीन और पानी, दोनों ओर से सिराक्यूज नगर पर आक्रमण किया था। अपने बचने का कोई उपाय न देखकर सिराक्यूज-निवासी घबरा गए थे। परंतु आर्किमीदीज ने नए यंत्र तैयार किए और उन यंत्रों की सहायता से बड़े-बड़े पत्थरों को रोगन जहाजों और सैनिकों पर फेंका गया।

यह बात है आर्किमीदीज के जमाने की।

युद्ध और विज्ञान का संबंध आज तो और भी ज्यादा गहरा होता जा रहा है। तुम देख ही चुके हो कि यह संबंध आर्किमीदीज के समय से शुरू हुआ। आर्किमीदीज इतिहास के पहले महान वैज्ञानिक थे जिन्होंने विदेशी आक्रमणकारी से अपने देश की रक्षा के लिए युद्ध में प्रत्यक्ष रूप से सहायता की। उनके अद्‌भुत युद्ध-यंत्रों के कारण ही राजा हाइरोन लगभग तीन वर्षों तक सिराक्यूज की रक्षा कर सका।

आर्किमीदीज के बाद विज्ञान को अधिकाधिक महत्व प्राप्त होता गया। बारूद के आविष्कार ने पुरानी सामंती व्यवस्था को नष्ट कर दिया। यूरोप के पुनर्जागरण काल में वैज्ञानिकों ने युद्धों में महत्वपूर्ण भूमिका अदा की।

यूरोप के राजा-महाराजा वैज्ञानिकों को प्रायः इसलिए ही आश्रय देते थे कि उनकी बुद्धि का वे लड़ाइयों में उपयोग कर

सकें। राजा हाइरोन आर्किमीदीज का इसीलिए आदर-सम्मान करता था कि वह कोरा दार्शनिक न होकर, उपयोगी यंत्रों का भी निर्माण कर सकता था।

तुमने लियोनार्दो द विंची (1452-1519 ई.) का नाम शायद सुना होगा। वह एक महान चित्रकार थे। परंतु मिलान (इटली) के ड्यूक के यहां नौकरी प्राप्त करने के उद्देश्य से जब उन्होंने पत्र लिखा, तो उसमें उन्होंने यह बात खास तौर से कही कि उन्हें युद्ध-संचालन के नियम भी मालूम हैं। पत्र के अंत में ही उन्होंने यह लिखा कि उन्हें कुछ चित्रकारी भी आती है। विंची को ड्यूक के यहां नौकरी मिल गई। ड्यूक ने पत्र का अंतिम वाक्य पढ़ा भी या नहीं, कौन जानता है?

इसी तरह, महान वैज्ञानिक गैलीलियो (1564-1642 ई.) ने जब टस्कानी के ड्यूक के यहां नौकरी के लिए प्रार्थना की, तो उन्हें इसी बात पर नौकरी मिलने की आशा थी कि वे दागे गए तोप के गोलों की दूरियों की ठीक-ठीक माप बता सकते थे।

फ्रांस की राज्यक्रांति के समय तो कितने ही वैज्ञानिकों को मार डाला गया। केवल ऐसे वैज्ञानिक ही अपना सिर सलामत रख सके जिनके आविष्कार युद्ध की दृष्टि से उपयोगी थे।

ऊपर के उदाहरणों से स्पष्ट होता है कि वैज्ञानिक के आविष्कारों में उसके युद्ध से संबंधित आविष्कारों को अधिक महत्व दिया जाता था। और, बहुत-से वैज्ञानिक इस प्रकार के आविष्कारों से अपने जीवन को सुखमय बना लेते थे। काफी हद तक आज भी ऐसा ही होता है, हमारे देश में भी।

परंतु इसके विपरीत भी उदाहरण देखने को मिलते हैं। क्रीमिया-युद्ध के समय माइकेल फैरेडे (1791-1867 ई.) से पूछा गया था कि क्या जहरीली गैस का निर्माण संभव है ? उन्होंने उत्तर दिया : "हां, संभव है।" परंतु मानवता के नाम पर इसके इस्तेमाल से उन्होंने साफ इनकार कर दिया!

दूसरे महायुद्ध (1939-45 ई.) का ही उदाहरण ले लो। जर्मनी और जापान की विजयों से वैज्ञानिकों के लिए खतरा पैदा हो गया था।

युद्धवादी जर्मनी में फासिस्ट तानाशाही कायम हो चुकी थी। हिटलर समूचे संसार पर अपना आतंक जमाने के सपने देख रहा था। उसकी युद्ध-सोच नस्ली-घृणा पर आधारित थी। इस घृणा का प्रकोप यहां तक फैला कि उस युग के एक श्रेष्ठ वैज्ञानिक अलबर्ट आइंस्टाइन को भी जर्मनी छोड़कर भागना पड़ा। आइंस्टाइन यहूदी थे और जर्मनी में यहूदियों के कत्लेआम का तांडव रचा जा रहा था।

तुम जानते ही हो कि यदि अलबर्ट आइंस्टाइन (1879-1955 ई.) आगे जीवित न रहते, तो आज की बहुत-सी वैज्ञानिक उपलब्धियां असंभव हो गई होतीं। परमाणु-शक्ति का शांति और सुख-समृद्धि के लिए उपयोग कभी संभव ही न हो पाता। शायद अंतरिक्ष में उड़ानें भर पाना भी मानव-जाति के लिए असंभव होता। किंतु आइंस्टाइन ने संसार को जो वैज्ञानिक सिद्धांत दिए वे सदा अमर रहेंगे, जबकि नस्ली-घृणा फैलाने और विश्व-युद्ध का आतंक रचने वाला हिटलर खुद अपनी महत्वाकांक्षा की अग्नि में जलकर भस्म हो गया!

अलबर्ट आइंस्टाइन (1879-1955 ई.)

आइंस्टाइन ने अपने एक वक्तव्य में उचित ही कहा था : "किसी भी भावी युद्ध में नाभिकीय अस्त्रों का उपयोग होना एकदम निश्चित है। और, ये अस्त्र मानव-जाति के अस्तित्व तक को मिटा दे सकते हैं। ऐसी सूरत में संसार की सरकारों से हमारा जोरदार आग्रह है कि उनमें आपस में झगड़े-टंटों के जो भी सवाल हों, उन्हें सुलझाने के लिए वे कोई-न-कोई शांतिमय उपाय ढूंढ निकालें।..."

आइंस्टाइन और आर्किमीदीज में यद्यपि काल का बहुत अधिक अंतर था, फिर भी वैज्ञानिक चिंतन की दृष्टि से दोनों में बहुत-सी समानताएं थीं। यदि मार्सेलुस ने सिराक्यूज पर आक्रमण न किया होता, तो आर्किमीदीज ने युद्ध-यंत्रों की ओर कभी अपना दिमाग दौड़ाया ही न होता। किंतु उनके देशप्रेम ने उन्हें ललकारा और गणित के चिंतन में सतत डूबे रहनेवाले

इस वैज्ञानिक ने आक्रमणकारी मार्सेलुस को नाकों चने चबवा दिए।

मार्सेलुस के जहाजों और सैनिकों पर आक्रमण होने से उसके सैनिक चींटियों की तरह मरने लगे। मार्सेलुस पागलों की तरह दहाड़ा : "ज्यामिति का यह दानव हमारे जहाजों को कटोरों की तरह समुद्र में डुबाता जा रहा है। इसने हमारे सभी युद्ध-साधनों को निकम्मा बना दिया है। यह प्राचीन कथा के सौ हाथों वाले दानव की तरह एकसाथ हमारे जहाजों पर पत्थर बरसाता है। क्या अब हमें पराजय स्वीकार करनी होगी?"

वास्तव में सिराक्यूज के सैनिक आर्किमीदीज के युद्ध-यंत्रों के लिए महज सहायक के रूप में थे, और आर्किमीदीज की ही बुद्धि सभी करामातें दिखा रही थी। दूसरे सभी शस्त्र निकम्मे पड़े हुए थे। अकेले आर्किमीदीज ही आक्रमण और संरक्षण, दोनों काम संभाल रहे थे।

अंत में रोमन सैनिक इतने भयभीत हो उठे कि किले की दीवार से यदि उन्हें कोई रस्सी लटकती नजर आती या कोई खड़ी लकड़ी दिखाई देती, तो वे चिल्ला उठते : "वहां देखो ! आर्किमीदीज हमारे खिलाफ कोई नया इंजन खड़ा कर रहा है।" तब सभी रोमन सैनिक भाग खड़े होते।

अपने सैनिकों की यह दशा देखकर मार्सेलुस ने सीधे युद्ध का तरीका त्याग दिया और लंबे समय तक दूर से सिराक्यूज का घेरा कायम रखा।

"इतना सब होने पर भी," प्लुटार्क जैसे इतिहासकार ने लिखा है, "आर्किमीदीज की आत्मा और वैज्ञानिक प्रतिभा एक

देवता-जैसी थी। मनुष्यों में श्रेष्ठ कोटि का नाम कमाने पर भी वह युद्ध-यंत्रों जैसे विषयों पर अपने लेखन को लिपिबद्ध करके सुरक्षित नहीं रखना चाहता था। यांत्रिकी और युद्धोपयोग के सभी आविष्कारों को वह हेय दृष्टि से देखता था। वह केवल उन्हीं विषयों को महत्व देता था, जिनका जीवन की जरूरतों के लिए कोई उपयोग हो।"

आर्किमीदीज

इसीलिए हम कहते हैं कि आर्किमीदीज न केवल एक महान गणितज्ञ और वैज्ञानिक थे, वह एक महान मानववादी भी थे। इतना ही नहीं, उनकी दृष्टि में विज्ञान का सबसे अच्छा उपयोग था : जनता के जीवन को सुखमय बनाना। विज्ञान उनकी दृष्टि में युद्ध का नहीं, वरन् शांति और खुशहाली बनाए रखने का साधन था।

आर्किमीदीज की मदद से सिराक्यूज के निवासी बहुत दिनों तक अपने नगर की रक्षा करते रहे। परंतु एक दिन मार्सेलुस के सैनिकों को भी मौका मिल ही गया।

यूनानी लोगों के भी अपने आराध्य देवी-देवता थे। विशिष्ट दिनों पर बड़ी धूम-धाम से वे अपने देवी-देवताओं का उत्सव मनाते थे। नाच-गान होता था; मस्ती से शराब पी जाती थी।

सिराक्यूज के सैनिकों में संभवतः यह विश्वास पैदा हो गया था कि अब उनके नगर का पतन नहीं हो सकता; एक-न-एक दिन मार्सेलुस को वापस लौट जाना पड़ेगा।

अस्तु, सिराक्यूज के निवासी आर्टेमिस नामक देवी के सम्मान में नगर में बड़ी धूम-धाम से उत्सव मनाने लगे। आर्टेमिस चंद्रमा की देवी थी। नगर में नाना प्रकार के खेल-कूद हुए। नाच-गाने हुए।

प्रातःकाल से पहले, जब सिराक्यूज के सैनिक शराब पीकर धुत्त हो गए, तो कुछ रोमन सैनिक नगर की दीवार पर चढ़ने में सफल हुए। भीतर पहुंचकर उन्होंने नगर के फाटकों को खोल दिया। 13

सुबह होने पर जब सिराक्यूज-निवासी जागे, तो उन्होंने देखा कि नगर शत्रुओं के हाथों में चला गया है !

प्लुटार्क लिखता है कि सुबह के समय मार्सेलुस जब दीवार के ऊपर चढ़ा, तो भीतर नगर की ओर देखकर उसे बड़ा दुःख हुआ। वह जानता था कि अब चंद घंटों के भीतर ही उसके सैनिक इस नगर को नेस्तनाबूद कर देंगे। उसकी इच्छा नहीं थी कि सिराक्यूज को एकदम तबाह कर दिया जाए। परंतु उसके सैनिकों में एक भी ऐसा नहीं था जो उसकी बात से सहमत होता।

कुछ सैनिकों का तो यहां तक विचार था कि सारे नगर को आग लगाकर भूमिसात कर दिया जाए। परंतु मार्सेलुस ने इसकी अनुमति नहीं दी। उसने केवल यही अनुमति दी कि गुलामों और सोना-चांदी को ही हथिया लिया जाए।

परंतु मार्सेलुस के आदेश का कोई विशेष असर नहीं हुआ। मार्सेलुस के सैनिक बहुत यातनाएं भुगत चुके थे। अब उन पर बदला लेने का भूत सवार था।

इधर मार्सेलुस के सैनिक नगर को लूटने में लगे हुए थे, उधर आर्किमीदीज गणित के एक सवाल का हल खोजने में खोए हुए थे; उन्हें पता ही नहीं था कि रोमन सैनिक नगर में घुस आए हैं!

हर युग का हर बड़ा विचारक जीवन को उसकी पूरी व्यापकता में देखता है। जिन समस्याओं को सुलझाना वह अपने जीवन की सार्थकता समझता है, उन्हीं में वह डूबा रहना चाहता है, और डूबा रहता है। इसके विपरीत, घृणा, अवनति और

विनाश की शक्तियां अंधी, निर्मम और अदूरदर्शी होती हैं।

आर्किमीदीज जिस समय गणित के सवाल को सुलझाने में मग्न थे, उस समय वहां एक रोमन सैनिक आया। आर्किमीदीज को देखते ही उसने म्यान में से तलवार निकाल ली। वह आर्किमीदीज को मारना ही चाहता था कि आर्किमीदीज ने पीछे मुड़कर देखा :

आर्किमीदीज का वध

"थोड़ी देर रुको !" उसने सैनिक से कहा, "मैं अभी अपने इस सवाल को हल किए लेता हूं। मैं नहीं चाहता कि इसके हल होने के पहले ही मेरी मौत हो जाए।"

परंतु क्रोध से अंधे हुए सैनिक की समझ में कुछ नहीं आया। उसने तलवार के एक ही वार से आर्किमीदीज का सिर

उड़ा दिया।

कहा जाता है कि जब आर्किमीदीज अंतिम सांसें ले रहे थे, तो उन्होंने धीमी आवाज में सैनिक से कहा : "तुमने मेरे शरीर को तो नष्ट कर दिया है, लेकिन अपना दिमाग मैं अपने साथ ही लिए जा रहा हूं।"

इस प्रकार अंधी घृणा ने क्षण-भर में संसार के एक महान वैज्ञानिक के प्राण हर लिए।

प्लुटार्क लिखता है कि मार्सेलुस को जब आर्किमीदीज की मृत्यु का समाचार मिला तो उसे बड़ा दुःख हुआ। उसने आर्किमीदीज के हत्यारे को उसी प्रकार दूर रखा, जिस प्रकार किसी भयंकर संक्रामक रोग से ग्रसित रोगी को दूर रखा जाता है।

इंग्लैंड के प्रसिद्ध दार्शनिक और गणितज्ञ डा. अल्फ्रेड ह्वाइटहेड (1861-1947 ई.) ने आर्किमीदीज की मृत्यु के बारे में लिखा है : "एक रोमन सैनिक के हाथों आर्किमीदीज की मृत्यु महान जग-परिवर्तन की द्योतक है। रोमन जाति एक महान जाति थी, किंतु...किसी भी रोमन की मृत्यु इसलिए नहीं हुई कि वह गणित के सवाल को हल करने में व्यस्त था।"

ई.पू. 212 में सिराक्यूज का पतन हुआ। हम पहले ही बता चुके हैं कि उस समय आर्किमीदीज की आयु 75 वर्ष की थी।

# 14

प्रायः हर आदमी की चाह होती है कि मृत्यु के बाद किसी-न-किसी रूप में उसकी यादगार कायम रहे। इसी कारण आदिकाल से तरह-तरह की समाधियां बनाने की परंपरा सभी देशों में रही हैं।

मिस्र के प्राचीन फरोहा राजाओं ने इसी मकसद से बड़े-बड़े पिरामिड बनवाए थे। अपने देश में आगरा का ताजमहल इसी तरह की यादगार का एक नायाब नमूना है। तुम यदि किसी ईसाई समाधि-स्थल में चले जाओ, तो वहां साधारण लोगों के भी समाधि-स्मारक देखने को मिलेंगे। तुम देखोगे कि उन स्मारकों पर बाइबल या किसी अन्य धर्मग्रंथ के वाक्य अंकित हुए हैं।

लेकिन आर्किमीदीज तो वैज्ञानिक थे। क्या वह भी अपनी समाधि पर किसी धर्मग्रंथ के वाक्य खुदवाना चाहते थे?

प्लुटार्क ने लिखा है कि आर्किमीदीज ने पहले से ही अपने मित्रों को बता दिया था कि मृत्यु के बाद उनकी समाधि पर एक बेलन (सिलिंडर) में गोल को

स्थापित दर्शानेवाली आकृति अंकित कर दी जाए और साथ ही इन दोनों पिंडों के आयतनों के अनुपात को भी वहां दर्ज कर दिया जाए।

आर्किमीदीज की इस इच्छा से एक महत्वपूर्ण बात का पता चलता है। उन्होंने बहुत-से आविष्कार किए। उनमें कुछ आविष्कार शुद्ध गणित से संबंधित थे, कुछ का युद्ध की दृष्टि से भी बड़ा महत्व था। मगर उन्होंने अन्य सभी आविष्कारों को छोड़कर केवल ज्यामिति के एक शुद्ध आविष्कार को ही अपने समाधि-लेख के लिए चुना।

इससे एक बार फिर यह स्पष्ट हो जाता है कि युद्धोपयोगी आविष्कारों की अपेक्षा आर्किमीदीज ऐसे आविष्कारों को अधिक महत्व देते थे जिनका मानव-समाज के विनाश के लिए नहीं, वरन् विकास के लिए उपयोग हो सके।

जिस आकृति को आर्किमीदीज अपने समाधि-स्मारक पर खुदवाना चाहते थे उसका चित्र आगे दिया गया है।

इस चित्र में एक सिलिंडर-पात्र में गोल को बैठाया गया है। आज इस गोल के आयतन (घनफल) को और सिलिंडर के आयतन को स्कूल-कालेजों के प्रायः सभी विद्यार्थी जानते हैं। परंतु 2250 वर्ष पूर्व इनके आयतनों को ठीक-ठीक ज्ञात करना और फिर इनके अनुपात को जानना सचमुच बड़े महत्व का आविष्कार था। इसीलिए आर्किमीदीज की दृष्टि में उनका यह आविष्कार सबसे अधिक महत्वपूर्ण था।

इस अनुपात से संबंधित कुछ काव्य-पंक्तियां भी समाधि पर अवश्य अंकित रही होंगी, क्योंकि गणित के सूत्रों को दो

या दो से अधिक काव्य-पंक्तियों में व्यक्त करने की प्रथा बहुत प्राचीन काल से चली आई है। जो भी हो, आओ हम तुम्हें गोल और सिलिंडर के आयतनों से संबंधित यह सवाल संक्षेप में समझा दें।

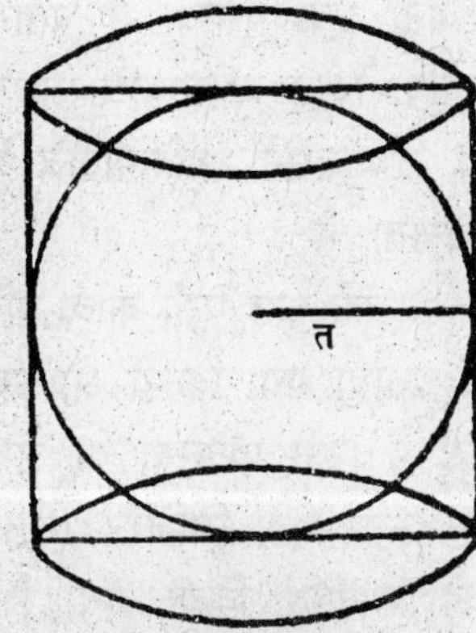


बेलन के भीतर गोल

मान लो कि गोल की त्रिज्या 'त' है। तब उस गोल का आयतन होगा : $^4/_3$ π $त^3$ और उस गोल को पूर्ण रूप से घेर लेनेवाले सिलिंडर-पात्र का आयतन होगा : 2 π $त^3$ । अब आसानी से इन दोनों आयतनों का अनुपात निकाला जा सकता है :

$$^4/_3 \; \pi \; त^3 \div 2 \; \pi \; त^3 = \, ^2/_3$$

अर्थात्, इस प्रकार की व्यवस्था में सिलिंडर-पात्र के 3 हिस्सों में से दो हिस्से स्थान गोल पिंड घेर लेता है। अन्य शब्दों में, आर्किमीदीज ने सिद्ध किया कि समान अर्धव्यास और समान ऊंचाई वाले गोल और बेलन के आयतनों में 2:3 का अनुपात रहता है।

आर्किमीदीज की मृत्यु के बाद सिराक्यूज-निवासियों ने अपने इस महान वैज्ञानिक की उपर्युक्त इच्छा पूरी की। बाद में सिसिली द्वीप पर रोमन सम्राटों का शासन स्थापित हुआ।

ई.पू. 75 के आसपास सिसरो नामक एक प्रबुद्ध व्यक्ति सिसिली द्वीप में रोमन साम्राज्य का प्रतिनिधि था। सिसरो ने

अपनी एक पुस्तक में बताया है कि जब सिराक्यूज-निवासी आर्किमीदीज के समाधि-स्मारक के बारे में कुछ भी नहीं जानते थे, तब उसने आर्किमीदीज की समाधि का पता लगाया। वह लिखता है :

"मुझे कुछ ऐसी काव्य-पंक्तियां सुनने को मिलीं, जिनके बारे में बताया गया कि ये आर्किमीदीज के समाधि-स्मारक पर खुदी हुई हैं। इन पंक्तियों के अर्थ से पता चलता था कि समाधि के ऊपर एक सिलिंडर (बेलन) बना है और उसमें एक गोल को स्थापित किया गया है। जब मैंने सभी समाधियों की सावधानी से छानबीन की, तो आसपास की झाड़ी से ऊपर उठा हुआ एक स्तंभ दिखाई दिया, जिसके ऊपर एक सिलिंडर के भीतर गोल को स्थापित किया गया था। मैंने नजदीक जाकर देखा, तो उस पर वे ही काव्य-पंक्तियां खुदी हुई थीं।"

सिसरो के बाद आर्किमीदीज का समाधि-स्थल सदियों तक पुनः लुप्त रहा। लेकिन अब पुनः इस महान वैज्ञानिक के समाधि-स्थल का पता चल गया है। सन् 1965 की बात है। सिराक्यूज में एक नए होटल के निर्माण के लिए नींव खोदी जा रही थी। तब जमीन में गड़ी हुई एक समाधि-शिला मिली, जिस पर बेलन से घिरे एक गोल की आकृति अंकित है। यह निश्चय ही आर्किमीदीज का समाधि-स्मारक था।

# 15

गणित के क्षेत्र में आर्किमीदीज ने अनेक महत्वपूर्ण आविष्कार किए। किन विधियों से वह अपने परिणामों पर पहुंचे थे ?

सन् 1906 में जे.एल. हाइबर्ग ने आर्किमीदीज के एक खोए हुए ग्रंथ का पता लगाया। हाइबर्ग एक जाने-माने इतिहासज्ञ और यूनानी गणित के अच्छे जानकार थे। आर्किमीदीज के जिस ग्रंथ का उन्होंने पता लगाया उसका नाम है : 'विधि'। यह पुस्तक आर्किमीदीज के मित्र इराटोस्थनीज को संबोधित करके लिखी गई है—वही इराटोस्थनीज जो अलेक्जेंड्रिया विश्वविद्यालय में अध्यापक और आर्किमीदीज के मित्र थे।

इस पुस्तक में आर्किमीदीज बतलाते हैं कि किसी आकृति या ठोस पिंड को काल्पनिक ढंग से मापकर या तौलकर वे अज्ञात बातों को पहले जान लेते थे। इस तरीके को हम कह सकते हैं : प्रयोग। एक बार प्रयोग द्वारा जानकारी प्राप्त हो जाने पर आर्किमीदीज के लिए इस जानकारी को गणितीय सिद्धांत के रूप में व्यक्त करना आसान था। संक्षेप में, हम कह सकते

हैं कि गणितीय सिद्धांत तैयार करने के लिए आर्किमीदीज ने यांत्रिक तरीकों का उपयोग किया। किसी सवाल को हल करने के लिए वे किसी भी संभव तरीके का उपयोग करते थे।

एक प्रसिद्ध गणितज्ञ के शब्दों में हम कह सकते हैं कि आज युद्ध, प्रेम और गणित में सभी तरीके मान्य हैं। परंतु प्राचीन काल में, कम-से-कम गणित के क्षेत्र में, इतनी अधिक स्वतंत्रता नहीं थी। गणित को एक ऐसा खेल माना जाता था जो प्रसिद्ध यूनानी दार्शनिक प्लेटो (अफलातून) द्वारा बताए गए नियमों के अनुसार ही खेला जा सकता था। प्लेटो की मान्यता थी कि ज्यामिति के सभी कृत्य स्केल (मापनी) और कंपास से ही सिद्ध किए जाने चाहिए।

इस संदर्भ में प्राचीन काल के तीन प्रसिद्ध प्रश्नों का उल्लेख किया जा सकता है। ये तीन प्रश्न थे :

1. किसी भी कोण के तीन समान भाग करना;

2. किसी दिए हुए घन से दोगुना आयतन वाला घन तैयार करना; और

3. वृत्त के क्षेत्रफल के बराबर का वर्ग (चौरस) तैयार करना।

ये तीनों प्रश्न सिर्फ स्केल व कंपास की सहायता से हल करने थे। लगभग दो हजार वर्षों तक गणितज्ञ इन प्रश्नों पर माथापच्ची करते रहे, परंतु इन्हें वे हल नहीं कर पाए। सन् 1882 में अंतिम रूप से यह सिद्ध कर दिया गया कि स्केल और कंपास की सहायता से इन तीनों सवालों को हल करना संभव नहीं है।

प्लेटो की मृत्यु (347 ई.पू.) के लगभग साठ वर्षों बाद

आर्किमीदीज का जन्म हुआ था। आर्किमीदीज की विशेषता यही है कि उन्होंने अपने को पूर्ण रूप से प्लेटो के नियमों से बांधकर नहीं रखा। अपने गणितीय तरीकों में आर्किमीदीज कवि-जैसी कल्पना की उड़ान के लिए स्वतंत्र रहे। इस अर्थ में आर्किमीदीज को हम एक आधुनिक गणितज्ञ मान सकते हैं।

आर्किमीदीज को 'आधुनिक' स्वीकार करने का दूसरा कारण उनकी विधियों पर आधारित है। आधुनिक काल में न्यूटन (1642-1727 ई.) और लाइबनिट्ज (1646-1716 ई.), दोनों को समाकलन गणित (इंटीग्रल कैलकुलस) का आविष्कारक माना जाता है। परंतु उनसे लगभग दो हजार वर्ष पहले आर्किमीदीज की विधियों में हमें इस गणित की आरंभिक झलक देखने को मिलती है। उनके एक सवाल में अवकलन गणित (डिफरेंशियल कैलकुलस) का भी आभास मिलता है। इन दोनों विषयों को मिलाकर कलन गणित (कैलकुलस) बनता है। यह गणित आधुनिक भौतिकी के लिए अत्यंत महत्व का है।

एक उदाहरण से यह बात तुम्हारी समझ में आ जाएगी। आगे की आकृति को देखो।

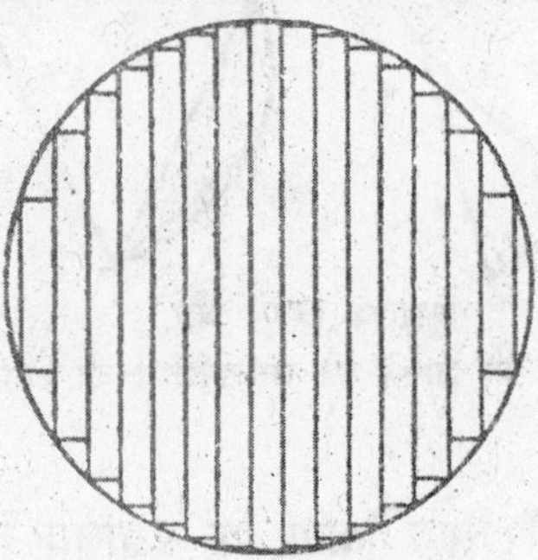

सवाल है : इस वृत्त का क्षेत्रफल ज्ञात करना। इस आकृति में वृत्त के भीतर समानांतर पट्टियां खींची गई हैं। इन पट्टियों के क्षेत्रफलों को जोड़ने से हमें वृत्त का सन्निकट क्षेत्रफल ज्ञात हो जाता है। यदि इन पट्टियों की संख्या असीमित यानी बहुत ज्यादा कर दी जाए और उनके क्षेत्रफलों को जोड़कर 'सीमा' निकाली जाए, तो हमें वृत्त का क्षेत्रफल ज्ञात हो जाएगा। इस प्रकार के जोड़ की सीमा ज्ञात करने की विधि को समाकलन (इंटीग्रेशन) कहते हैं।

परवलय के एक खंड का क्षेत्रफल ज्ञात करने के लिए आर्किमीदीज ने इसी प्रकार के समाकलन का उपयोग किया था। दूसरे अनेक सवाल भी उन्होंने इसी विधि से हल किए थे। $\pi$ (पाइ) का मान निकालने के लिए आर्किमीदीज ने जिस विधि का उपयोग किया था वह समाकलन की ही विधि थी।

**परवलय (बाएं) और**
**इसके क्षेत्रफल को जानने की आर्किमीदीज की विधि (दाएं)**

आर्किमीदीज ने सिद्ध किया कि परवलय के किसी खंड

का क्षेत्रफल उसी आधार और शीर्षबिंदु वाले त्रिभुज के क्षेत्रफल के 4/3 गुना या परिवेष्टित समांतर चतुर्भुज (पैरललोग्राम) के क्षेत्रफल के 2/3 गुना है। अनुक्रम से परवलय पर त्रिभुजों की रचनाएं करके आर्किमीदीज ने उपर्युक्त परिणाम निकाला था। यदि आरंभिक त्रिभुज का क्षेत्रफल 'अ' हो, तो आर्किमीदीज के तरीके के अनुसार उपक्रम नीचे की श्रेणी पर पहुंचता है :

$$\text{अ} + \tfrac{1}{4}\,\text{अ} + (\tfrac{1}{4})^2\,\text{अ} + \ldots$$

$$\text{या} \quad \text{अ}\,[\,1 + \tfrac{1}{4} + (\tfrac{1}{4})^2 + \ldots\,] = \tfrac{4}{3}\,\text{अ}$$

इस प्रकार, आर्किमीदीज सचमुच समाकलन विधि से क्षेत्रफल ज्ञात करते हैं। ऊपर की विधि में हमें पहली बार एक श्रेणी के संकलन का उदाहरण देखने को मिलता है।

पीछे हमने आर्किमीदीज के सर्पिल (वक्र) की चर्चा की है। ऐसे वक्रों की स्पर्शरिखा (टेंजेंट) को ज्ञात करना अवकलन गणित का विषय है। आर्किमीदीज ने अपने वक्र की स्पर्शरिखा ज्ञात की थी, इसलिए कहा जा सकता है कि उनकी विधि में अवकलन का भी आरंभ था।

इस प्रकार, हम देखते हैं कि आर्किमीदीज की 'विधि' पुस्तक में ऐसी कई विधियों के बीजाणु मौजूद थे जिनका आज समाकलन गणित तथा अवकलन गणित आदि के रूप में विकास हुआ है। गणितीय तथ्यों को निर्धारित करने की तर्कसंगत और वैज्ञानिक विधि के कारण ही हम आर्किमीदीज की गिनती 'आधुनिक' गणितज्ञों में करते हैं, हालांकि, जैसा कि तुम जानते हो, उनका जन्म आज से लगभग 2250 वर्ष पहले हुआ था। उनकी आधुनिकता का सारतत्व उनकी 'विधि' में निहित है।

कलन गणित के विकास के संदर्भ में महान भारतीय गणितज्ञ भास्कराचार्य (जन्म : 1114 ई.) के योगदान को भी याद करना आवश्यक है। वे अपने 'सिद्धांत-शिरोमणि' ग्रंथ के 'गोलाध्यांय' में गोल का क्षेत्रफल तथा आयतन मालूम करने के लिए समाकलन गणित का उपयोग करते जान पड़ते हैं। वे गोले की सतह पर छोटे-छोटे समांतर वृत्त खींचकर अंत में समाकलन से उसका क्षेत्रफल ज्ञात करते हैं। इसी प्रकार, गोले का आयतन ज्ञात करने के लिए वे उसमें छोटे-छोटे पिरामीड स्थापित करते हैं।

ग्रहों की दैनिक गति को ठीक-ठीक जानने के लिए भास्कराचार्य ने दिन को छोटे-छोटे कालमानों में बांटकर 'तात्कालिक गति' की धारणा प्रस्तुत की थी। परंतु इस विषय का समुचित विकास 'सीमा'(लिमिट) की धारणा से ही संभव था। परंतु हमें यह भी ध्यान में रखना चाहिए कि भास्कराचार्य का जन्म न्यूटन और लाइबनिट्ज के लगभग पांच सौ साल पहले हुआ था।

# 16

अब तक तुमने आर्किमीदीज के बारे में बहुत-सी बातें पढ़ीं। उनके जीवन को समझा। उनकी 'विधि' भी समझी। यदि संसार के 10 महान वैज्ञानिकों की भी सूची बनानी पड़े, तो उसमें आर्किमीदीज का नाम अवश्य रखना होगा। ऐसे महान वैज्ञानिक के सारे आविष्कारों को समझना सचमुच ही कठिन काम है।

आर्किमीदीज मुख्यतः एक विशुद्ध गणितज्ञ थे। और, गणित चूंकि सभी विज्ञानों में कठिन विषय है, इसलिए आर्किमीदीज के सभी सिद्धांतों को सरल रूप में समझाना संभव नहीं है। इसीलिए उनके बहुत-से आविष्कारों का केवल उल्लेख करके उन्हें सिद्धांत रूप में ही तुम्हारे सामने प्रस्तुत कर दिया गया है।

अब हम देखेंगे कि संसार की बड़ी-बड़ी विभूतियों ने आर्किमीदीज की महानता को किन शब्दों में व्यक्त किया है।

आइजेक न्यूटन के साथ-साथ जर्मनी के दार्शनिक-गणितज्ञ लाइबनिट्ज को भी कलन गणित (कैलकुलस) का आविष्कारक माना जाता है। लाइबनिट्ज

का समय 17वीं शताब्दी है, अर्थात्, आर्किमीदीज के लगभग 2000 वर्षों बाद। पीछे हमने देखा है कि आर्किमीदीज के कुछ आविष्कारों में हमें समाकलन गणित के आरंभिक स्वरूप के दर्शन होते हैं। इसीलिए लाइबनिट्ज ने आर्किमीदीज के बारे में कहा था : "जिन्हें उनके आविष्कारों का ज्ञान है, वे आधुनिक महान व्यक्तियों के आविष्कारों से कम ही चकित होंगे।" ये शब्द सचमुच ही सही हैं, क्योंकि लगभग दो हजार वर्ष पहले आर्किमीदीज कुछ ऐसे विचारों से परिचित थे जिन्हें न्यूटन और उनके समकालीन वैज्ञानिकों ने आगे विकसित किया।

इटली के गणित के इतिहासकार बाल्डी लिखते हैं: "आर्किमीदीज की प्रतिभा मानव की प्रतिभा से ऊंचे दर्जे की थी।"

प्राचीन इटली के इतिहासकार प्लिनी (ईसा की प्रथम सदी) ने आर्किमीदीज को 'गणित का परमेश्वर' कहा है, तो प्लिनी का फ्रांसीसी अनुवादक उन्हें 'ज्यामिति का होमर' कहता है। जिस प्रकार अपने देश में 'रामायण' और 'महाभारत' महाकाव्य प्रसिद्ध हैं, उसी प्रकार प्राचीन यूनानी कवि होमर के 'इलियड' और 'ओडेसी' भी दो प्रसिद्ध महाकाव्य हैं।

अंग्रेजी भाषा के महाकवि विलियम वड्र्सवर्थ (1770-1850 ई.) ने तो आर्किमीदीज के बारे में एक कविता ही लिख डाली। कविता में वड्र्सवर्थ ने कहा है :

"सिराक्यूज के मैदानों पर आर्किमीदीज की जो समाधि है, वहां से उसे बुलाइए। आज के संसार की हालत देखकर महान आर्किमीदीज अपना मत प्रकट करेगा कि भौतिक यंत्रों पर आधारित दर्शन कितना खोखला है, निरर्थक है। और, यदि

आर्किमीदीज

कलाओं में और महान आविष्कारों में मानव-कल्याण की भावना नहीं है, तो वे सभी निरर्थक हैं।"

जर्मन भाषा के प्रसिद्ध कवि योहान शिलेर (1759-1805 ई.) ने भी आर्किमीदीज के बारे में एक कविता लिखी है। कविता का भावार्थ इस प्रकार है :

"एक तरुण व्यक्ति ज्ञान की खोज में आर्किमीदीज के पास पहुंचा और बोला : 'मुझे आप वह पवित्र विज्ञान पढ़ाइए, जिससे मेरा देश संपन्न हो जाए और शत्रुओं से मेरे नगर की दीवारों की रक्षा हो सके।'

" 'क्या विज्ञान को तुम पवित्र मानते हो? सच ही यह पवित्र है,' आर्किमीदीज ने उत्तर दिया, 'बशर्ते कि देश के सूत्रधार योग्य हों।'

"क्या तुम विज्ञान से केवल फल की ही आशा रखते हो ? यह फल तो तुम्हें मर्त्य मानवों से भी प्राप्त हो सकता है

"विज्ञान तो एक अमर देवी है।

"जो भी इस देवी से विवाह करेगा, उसे फिर इस देवी में सामान्य स्त्री के लक्षण नहीं खोजने चाहिए।"

इस काव्य में कवि शिलेर आर्किमीदीज के मुंह से विज्ञान की पवित्रता को प्रकट करते हैं।

फ्रांस के महान व्यंग्य-लेखक वाल्तेयर (1694-1778 ई.) ने लिखा है :

"गणित-विज्ञान में भी अद्‌भुत कल्पनाशक्ति होती है।... हम पुनः कहते हैं कि आर्किमीदीज के दिमाग में होमर की अपेक्षा बहुत अधिक कल्पनाशक्ति थी।"

स्वयं प्लुटार्क आर्किमीदीज के बारे में लिखता है : "आर्किमीदीज का हृदय पवित्र था। उनकी भावनाएं उदात्त थीं। यद्यपि अपने आविष्कारों से उन्होंने इतना ऊंचा नाम कमा लिया था कि वे साधारण मनुष्य न रहकर देवताओं की श्रेणी में पहुंच गए थे, फिर भी वे प्रायोगिक विज्ञान के विषयों पर अपने लेखन को जीवित रखना नहीं चाहते थे।"

आर्किमीदीज एक महामानव थे। वे उच्चकोटि के वैज्ञानिक और गणितज्ञ थे। एक शरीर, एक मस्तिष्क--लेकिन बहुमुखी प्रतिभा!

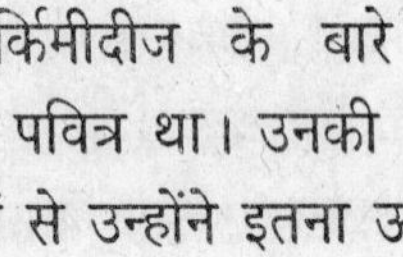

# प्रमुख यूनानी वैज्ञानिक

**थेल, मिलेटुस-निवासी**
(Thales of Miletus :
लगभग 624-547 ई.पू. ) :

मिस्र की यात्रा की; ज्यामिति के मूलतत्वों के विकास में योग दिया; 585 ई.पू. के सूर्य-ग्रहण की भविष्यवाणी की; कहा कि जल ही विश्व का मूलतत्व है। मिलेटुस नगर क्षुद्र एशिया (एशिया माइनर, आधुनिक तुर्की) में था।

**अनाक्सिमंदेर, मिलेटुस-निवासी**
(Anaximander :
लगभग 610-540 ई.पू. ) :

थेल के शिष्य, मगर जल को मूलतत्व नहीं माना। कहा कि पृथ्वी विश्व के केंद्र में स्थिर है। विकास की धारणा का बीजारोपण। उस समय तक ज्ञात संसार का पहला नक्शा तैयार किया।

**पाइथेगोर**

(Pythegoras : लगभग 582-507 ई.पू.) : सामोस में जन्म। मिलेटुस गए। मिस्र और बेबीलोन में लंबे समय तक निवास। अंत में क्रोटोन (दक्षिण इटली) जाकर वहां अपने नए दार्शनिक पंथ की स्थापना की, जो बहुत-कुछ बौद्ध धर्म की तरह का था। पाइथेगोर का कहना था कि विश्व में 'सब कुछ संख्यामय' है। उन्होंने संख्याओं के कई गुणधर्म खोजे। ज्यामिति का प्रसिद्ध 'पाइथेगोर का प्रमेय' उन्हीं की खोज है। पाइथेगोर का मत था कि विश्व के केंद्र में एक 'अग्नि' है और उसके चहुंओर पृथ्वी, चंद्र, सूर्य, बुध आदि ग्रह और नक्षत्र चक्कर लगाते हैं।

**अनेक्सागोर** (Anaxagoras : लगभग 500-428 ई.पू.) : लघु एशिया (आधुनिक तुर्की) में जन्म और अथेंस में अध्यापन। चंद्र और सूर्य के ग्रहणों की सही व्याख्या प्रस्तुत की। उनका कहना था कि सूर्य तथा तारे वस्तुतः प्रज्वलित पत्थर हैं और चंद्र अपना प्रकाश सूर्य से प्राप्त करता है।

**हिप्पोक्रेत**

(Hippocrates : लगभग 460-370 ई.पू.) जन्म एजियन सागर के कोस द्वीप में, जहां उन्होंने चिकित्सा का एक केंद्र स्थापित किया। हिप्पोक्रेत और उनके शिष्यों द्वारा लिखे गए ग्रंथों में बहुत-से रोगों और उनके इलाजों का विवरण है।

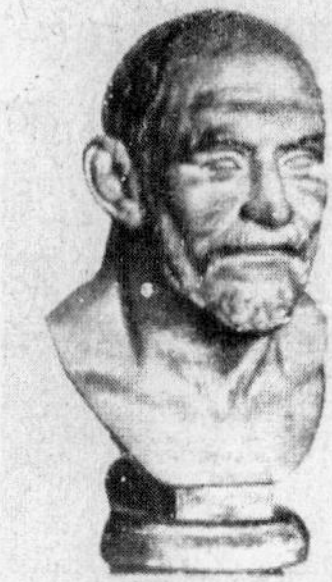

## देमोक्रितु

(Democritus
लगभग 460-360 ई.पू.)

आब्देरा (थ्रेस, यूनान) के निवासी; लेउकिप्पु के शिष्य। देमोक्रितु का मत था कि विश्व की सभी वस्तुएं एटमों (परमाणुओं) से बनी हैं। 'एटम' पदार्थों के ऐसे सबसे छोटे कण होते हैं जिनका आगे और विभाजन संभव नहीं। देमोक्रितु की ईश्वर में आस्था नहीं थी, मगर 'खास एटमों' से निर्मित आत्मा को वे मानते थे।

## अफलातून

(Plato
लगभग 428-347 ई.पू.)

अथेंस में जन्म। सिसिली द्वीप की यात्रा। पाइथेगोर-पंथ के विचारों से प्रभावित। अथेंस में विद्यापीठ (अकादमी) की स्थापना। ज्यामितीय रचनाओं के बारे में विशिष्ट विचार। अकादमी के प्रवेश-द्वार पर लिखा हुआ था : "ज्यामिति से अनभिज्ञ व्यक्ति के लिए अकादमी में प्रवेश मना है।"

## अरस्तू

(Aristotle
384-322 ई.पू.)

स्टेगिरा (मकदूनिया, यूनान) में जन्म। महान विजेता अलेक्जेंडर (सिकंदर) के अध्यापक। अथेंस में अफलातून की अकादमी में अध्ययन।

अफलातून की मृत्यु के बाद अथेंस में खुद का विद्यापीठ (लाइसेयूम) स्थापित किया। भूमध्यसागरीय जीव-जंतुओं का गहरा अध्ययन। नए तर्कशास्त्र की रचना, जो हमारे समय तक प्रचलित रहा। अरस्तू का मत था कि पृथ्वी विश्व के केंद्र में स्थित है और सूर्य, ग्रह तथा तारे इसकी परिक्रमा करते हैं। बाद में ईसाई धर्म द्वारा इस मत का प्रबल समर्थन।

**यूक्लिड**
(Euclid
लगभग 325-270 ई.पू.)

संभवतः अफलातून की अकादमी में अध्ययन। अलेक्जेंड्रिया के विश्वविद्यालय के एक संस्थापक-सदस्य। ज्यामिति के 'मूलतत्व' की रचना।

**अरिस्टार्कस, सामोस-निवासी** (Aristarchus of Samos : लगभग 310-230 ई.पू.) : आर्किमीदीज ने जानकारी दी है कि अरिस्टार्कस के मतानुसार सूर्य तथा तारे स्थिर हैं और पृथ्वी वृत्ताकार कक्षा में सूर्य की परिक्रमा करती है। यूरोप में मध्ययुग तक इस मत को समर्थन नहीं मिला। अरिस्टार्कस ने पृथ्वी से सूर्य और चंद्र की दूरियां जानने का भी प्रयास किया था।

**आर्किमीदीज**
(Archimedes
287-212 ई.पू.)

महान यूनानी गणितज्ञ। इस पुस्तक के नायक।

**इराटोस्थनीज** (Eratosthenes : 276-194 ई.पू.) : साइरेन (वर्तमान लिबिया, उत्तर अफ्रीका) में जन्म। अथेंस में अध्ययन। अलेक्जेंड्रिया विश्वविद्यालय के ग्रंथालय के अध्यक्ष। गणितज्ञ और भूगोलविद। पृथ्वी का आकार निर्धारित किया।

**एपोलोनियस, पेरगा-निवासी** (Apollonius of Perga : लगभग 262-190 ई.पू.) : जन्मस्थान पेरगा (वर्तमान तुर्की में)। अलेक्जेंड्रिया विश्वविद्यालय में अध्ययन और अध्यापन। शांकव गणित (कॉनिक्स) पर ग्रंथ लिखा, जिसमें पहली बार दीर्घवृत्त, परवलय और अतिपरवलय की व्याख्या प्रस्तुत की गई।

**हिपार्कुस** (Hipparchus : लगभग 170-120 ई.पू.) : महान यूनानी खगोलविद। नाइसिया (आधुनिक तुर्की) में जन्म। ह्रोडेस द्वीप में वेधशाला की स्थापना। चंद्र की दूरी और आकार का निर्धारण। अयन-चलन का पता लगाया, यानी जाना कि आकाश का ध्रुव-बिंदु एक वृत्त में चक्कर लगाता रहता है। आकाश के करीब 1000 तारों की स्थितियां निर्धारित कीं। तारों को उनकी चमक के अनुसार छह (1 से 6) दृश्य कांतिमानों में विभाजित किया, जिसमें आकाश में कोरी आंखों से दिखाई देने वाले सबसे कम चमकीले तारे छठे कांतिमान के माने जाते हैं। त्रिकोणमिति की एक विधि की खोज की।

**हेरो, अलेक्जेंड्रिया-निवासी**
(Hero of Alexandria
लगभग 62 ई.)

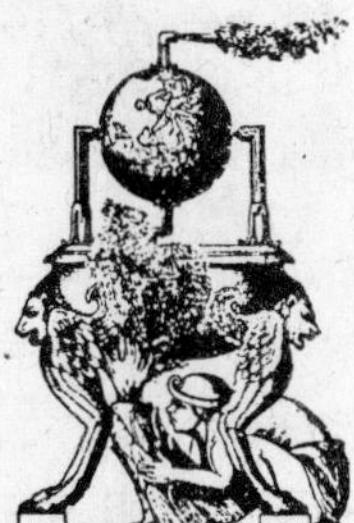

कई यंत्रों का आविष्कार किया, जिनमें प्रमुख था भाप की शक्ति से घूमने वाला गोल। यांत्रिक उपकरणों के बारे में दो पुस्तकें लिखीं।

## टॉलमी

(Ptolemy, पूरा नाम Claudius Ptolemaeus
लगभग 100-170 ई.)

खगोलविद और भूगोलवेत्ता। संभवतः मिस्री मूल के। अलेक्जेंड्रिया के ग्रंथालय से संबद्ध। टॉलमी ने माना कि पृथ्वी विश्व के केंद्र में स्थिर है और चंद्र, बुध, सूर्य, मंगल आदि पिंड इसकी परिक्रमा करते हैं। इनकी आकाशीय गतियों की व्याख्या के लिए उन्होंने एक कामचलाऊ 'गणितीय मॉडल' तैयार किया, जिसका वर्णन उनके 'सिंटेक्सिस' (अरबी नाम 'अल्-मजिस्ती') ग्रंथ में है। टॉलमी ने उस समय तक ज्ञात भूगोल के बारे में भी एक पुस्तक लिखी। प्रकाश के गुणधर्मों के बारे में भी उनकी एक पुस्तक है। टॉलमी का खगोलीय मॉडल यूरोप में आगे 1300 साल तक, कोपर्निकस के समय तक, मान्य रहा।

## गैलेन

(Galen
लगभग 130-200 ई.)

चिकित्सक। पेरगामम (पश्चिमी तुर्की) में जन्म। अपने जन्म-नगर में चिकित्सा का आरंभिक अध्ययन करने के बाद कोरिंथ, अलेक्जेंड्रिया आदि स्थानों की यात्राएं करने के बाद अंत में रोम में जाकर वहां स्थायी रूप से बस गए। गैलेन ने कई जीव-जंतुओं की चीर-फाड़ करके शरीर-रचना से संबंधित जो जानकारी प्राप्त की थी उसका उन्होंने मनुष्यों के इलाज में उपयोग किया। उनके नाम से सौ से ऊपर पुस्तकें उपलब्ध हैं। रक्त-संचार

से संबंधित उनकी आधी-अधूरी मान्यताएं सत्रहवीं सदी के आरंभ तक यूरोप में प्रचलित रहीं।

**डायोफैंटस** (Diophantus : लगभग 250 ई.) : अलेक्जेंड्रिया के गणितज्ञ। संख्या-सिद्धांत पर ग्रंथ लिखा। 'डायोफैंटस समीकरण' के लिए प्रसिद्ध। गणित में नए चिह्नों का प्रयोग किया।

**हाइपेशिया** (Hypatia : लगभग 370-415 ई.) : अलेक्जेंड्रिया के खगोलविद थियो की विदुषी बेटी। हाइपेशिया ने अलेक्जेंड्रिया में गणित पढ़ाया और टॉलमी, डायोफैंटस तथा एपोलोनियस के ग्रंथों पर टीकाएं लिखीं। उस समय तक ईसाईयत का बोलबाला हो गया था; अलेक्जेंड्रिया में ज्ञान-विज्ञान का दीपक बुझता जा रहा था। ईसाइयों को हाइपेशिया के बौद्धिक विचार धर्म-विरोधी लगे। अंत में, 415 ई. में, अलेक्जेंड्रिया के बिशप द्वारा उकसाने पर ईसाइयों की एक भीड़ ने हाइपेशिया को सड़क पर पकड़कर नृशंस तरीके से उसकी हत्या कर दी। हाइपेशिया के वध के साथ ही प्राचीन यूनानी विज्ञान के युग का अवसान हो गया!

●●●